花月醉雕鞍　大唐金乡县主展

西安博物院 / 编

李　燕 / 主编

A TIME OF PLENTY

LIFE OF A TANG COUNTY
PRINCESS

文物出版社

图书在版编目 (CIP) 数据

花月醉雕鞍：大唐金乡县主展 / 李燕主编 . -- 北
京 : 文物出版社 , 2023.12

ISBN 978-7-5010-8317-6

Ⅰ . ①花… Ⅱ . ①李… Ⅲ . ①唐墓－出土文物－金乡
县－图录Ⅳ . ① K878.82

中国国家版本馆 CIP 数据核字 (2024) 第 008182 号

花月醉雕鞍——大唐金乡县主展

编　　者：西安博物院

主　　编：李　燕

责任编辑：窦旭耀

责任印制：张道奇

装帧设计：朗润图泽文化

出版发行：文物出版社

社　　址：北京市东城区东直门内北小街 2 号楼

邮政编码：100007

网　　址：http//www.wenwu.com

经　　销：新华书店

印　　刷：中华商务联合印刷（广东）有限公司

开　　本：635mm×965mm　1 /8

印　　张：29.75

版　　次：2023 年 12 月第 1 版

印　　次：2023 年 12 月第 1 次印刷

书　　号：ISBN 987-7-5010-8317-6

定　　价：538.00 元

《花月醉雕鞍——大唐金乡县主展》

编辑委员会

主任
孙超

副主任
唐龙　刘夏盈　马利利　甘洪更　张勇戟　王自力　李燕　王欢

学术顾问
葛承雍　齐东方　冉万里　韩保全

委员（按姓氏笔画排序）
王乐庆　王冬华　王运　王荣　王梓奕　卢颖　田继伟　朱歌敏
伏海翔　刘勇　闫星　祁晓东　李维　张莉　张鸢　陈探戈　金瑞晨　周率
赵毅　段军　贺祥　贾晓燕　徐勇庆　徐诺　徐晶　高鑫
梅佳　崔钧平　梁小凌　雷君　蔡鑫　谭骁　樵卫新

主编
李燕

副主编
杨燕　张萍　黄琼

撰稿
李燕　杨燕　张萍　黄琼

摄影
邱子渝　余熊　苏晟　范允明

英文翻译
杨红英　李谦

展览组织与实施

主办单位
西安市文物局

承办单位
西安博物院　西安市文物保护考古研究院

项目主任
余红健　李燕

学术专家
李颖科　呼林贵　冉万里　韩保全　王双怀　董理　彭文　马寰

策展人
李燕　张萍　黄琼　杨燕

资料整理
崔钧平　王璐

展览组织
李维　朱歌敏　贺祥

陈列布展
孙振楠　陈斯文　宋钢　李沛成

文物保障
伏海翔　王梓奕　谭骁　李阳　张俊　杨宏毅　王焕玲　范允明
翟荣　李超　杨帆　郭金龙　王君　孟海燕　李婷

文物保护
贾晓燕　徐诺　赵毅

社会教育
张莉　田继伟　侯苏洋　马安静　张超

宣传推广
梁小凌　雷君　卢颖　关琳　李源

文创开发
祁晓东　王冬华　何茜　王晗

展览保障
段军　徐永庆　蔡鑫　周率　贺鹏

英文翻译
杨红英　李谦

参与部门
陈列展览部　文化遗产（藏品）保管部　数字与信息部
教育推广部　文物修复部　文化创意部　业务研究部
安全保卫部　公共服务部　后勤保障部　办公室

展览制作
苏州金螳螂文化发展股份有限公司

金乡县主是唐代开国皇帝李渊的孙女，滕王李元婴的第三女，皇亲帝戚，身份显赫。她出生于唐高宗永徽二年（651），一生历经中宗、睿宗、武周、玄宗数朝，见证了唐王朝从开疆拓土走向全盛的辉煌历程。在她生活的时代，唐王朝对西域的经营成效显著，设置都护府，开通道路，列置驿馆，使得分立的绿洲王国与天山北麓草原连为一体，确保了丝绸之路的畅通。各国使节、僧侣、胡商贩客等在东西道路上穿行无阻，异域文明源源不断地涌入首都长安，各式各样新颖夺目的物质与精神风尚悄然浸润着金乡县主的日常生活，并在其中落下浓墨重彩的一笔。

金乡县主卒于玄宗开元十年（722），正是唐朝蓬勃向上、繁盛富裕的时期。1991年金乡县主墓发现于西安灞桥区，墓中出土181件（组）具有盛唐时期代表性的文物。因出土文物之精美，引起了世界考古界的关注。该墓及其出土文物形象地再现了唐代贵族的生活场景，显示了西域文明对唐代社会生活的深刻影响。

Welcome to the exhibition on the life of the Tang Dynasty County Princess Jinxiang Xianzhu (651-722). As the granddaughter of the founding emperor of the Tang Empire and the third daughter of King Li Yuanying, the County Princess (a noble title for the king's daughter) witnessed the rise and heyday of the empire for a period of 71 years under the reigns of four rulers. During this time, protectorates in the Western Regions were established with new roads and post stations, built linking the once isolated oasis kingdoms with the vast prairie at the north foot of the Tianshan Mountains, and therefore safeguarded the trade on the Silk Road. An open and all inclusive empire nurtured a colorful life of the Princess with abundant novel materials and insights brought by foreign diplomatic envoys, monks and priests, and business traders from all over the world who flocked to Chang'an, the capital of the empire and the place where the Princess resided.

The County Princess died in 722, a thriving and prosperous period of the Tang Dynasty. The tomb of the Princess was accidentally discovered in 1991 in the east suburb of Xi'an revealing a surprisingly rich collection of 180 burial objects featuring the characteristics of the Tang cultural relics with a strong influence from the Western Regions. All the findings are presented on this exhibition highlighting the dynamic and abundant life of the Tang Empire.

肆　和鸣于飞

目录　Contents

金乡县主墓的发现实属偶然。1991年8月5日，西安市东郊灞桥镇吕家堡村于家砖厂推土机取土作业时，发现了一座带壁画的古代墓葬。西安市文物保护考古所闻讯后立刻组织考古人员于8月6日至17日对此墓葬进行了抢救性考古发掘。

　　随着考古发掘工作的逐步深入，陆续出土了精美的女性金冠头饰残件、高大的文官俑、武官俑以及大量仪仗俑、狩猎俑、伎乐俑和着男装胡服的侍女俑。这批陶俑的精美程度达到唐代彩绘陶俑的巅峰，考古工作者由此推断这是一座高等级的唐代贵族墓葬。通过对出土墓志的解读，进一步确定了这是一座唐代贵族夫妻合葬墓，且随葬品基本属于女主人金乡县主，这些独具异域特色的文物让人们对墓主人的生平充满了诸多猜想。

On August 5th, 1991, a bulldozer was digging earth for a brick factory in the east suburb of Xi'an when an ancient tomb was accidentally discovered revealing some mural paintings. Rescue excavation was immediately followed by archaeologists from Xi'an Archaeological Institute from August 6th to 17th.

An amazing collection of burial objects were excavated including fragments of a gold crown, large-sized clay figures of civil officials and military officers, guards of honor, game hunters, musicians and woman attendants in male attires. All of the findings are of superb craftsmanship especially the clay painted figurines, suggesting the high social status of the tomb owner. With the finding of the tomb epitaph, it was proven to be the joint tomb of the County Princess Jinxiang of the Tang Dynasty and her husband.

Part 1　The Tang County Princess　壹

大唐县主

Part 1　The Tang County Princess　壹

大唐县主

金乡县主墓位于今西安市灞桥区灞桥镇吕家堡村西，此地处于洪庆原（唐代称铜人原）西部边缘地带。洪庆原作为唐朝一处极为重要的墓葬区，迄今陆续发现唐墓数以千计，其中皇室与达官显贵墓葬众多。这些墓葬主要分布于田王、侯村、庆华电器厂、路家湾、洪庆镇、新筑、务庄、邵平店等地。

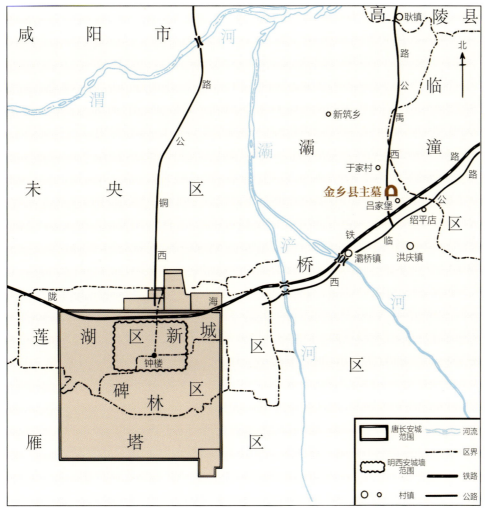

金乡县主墓发掘时地理位置示意图

金乡县主墓发掘时周围遗址、墓葬分布示意图

　　金乡县主墓为夫妻同墓合葬，墓葬形制按照金乡县主丈夫于隐官职级别而定，为单室方形土洞墓，有三个天井、三个过洞、两个壁龛。金乡县主去世时间晚于丈夫于隐，安葬金乡县主时，没有按县主的等级另行建墓，而是开启于隐的墓穴进行合葬，墓葬的形制、大小都没有改动，只是按照金乡县主品级对墓室内部陈设、随葬品进行更新及替换。

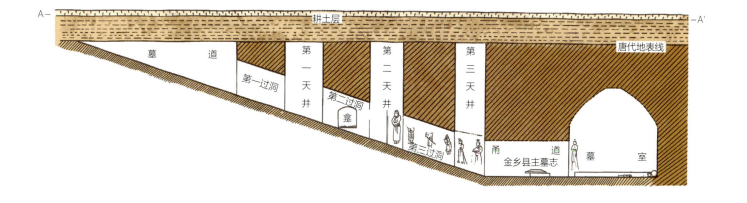

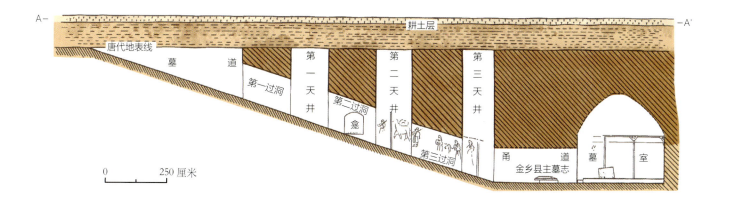

金乡县主墓平、剖面图

金乡县主墓第二天井西壁男侍图壁画（摹本）　　　　金乡县主墓室南壁侍女图壁画

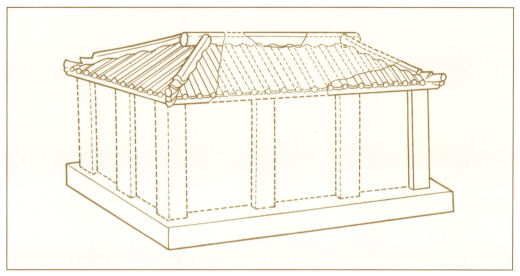

金乡县主墓石椁复原示意图

墓室西部出土三块青石质长方形石椁底座与数块椁顶残块。根据拼对与卯眼情况，参考现已发现唐代石椁的形制，推测原石椁应为庑殿顶、三开间的宫殿房屋形。唐代墓葬中石椁的使用有一定的等级制度，该石椁当为县主下葬时的葬具。

盛唐墓葬等级与女性墓对照

西安地区唐代墓葬的等级制度 （高宗至玄宗时期）		唐代女性墓
第一等级 （号墓为陵者）	双砖室墓，墓葬全长约100米，主室边长超过5米，天井六个以上，小龛八个左右，有石门、石椁。	正一品永泰公主墓（政治改葬的情况下）
第二等级 （一至二品高官或有特别功勋者）	双砖室墓，墓葬全长约40—80米，主室边长约5米，天井一般四个以上，小龛四至六个，有石门，葬具为石椁、石棺床或砖棺床。	正一品贵妃墓 正一品大长公主墓 正一品金仙长公主
第三等级 （一至三品官吏）	单砖室墓，墓葬全长约20—70米，墓室边长4米以上，天井四个左右，小龛四至六个，有石门，石椁少见，多用石、砖棺床。	正一品长公主墓 正一品公主墓 正二品县主墓 四至五品孺人墓（政治改葬的情况下）
第四等级 （四至五品官吏）	单室方形土洞墓，墓葬全长20—30米，墓室边长不超过4米，天井不超过四个，小龛多为两个，石墓门、石棺比较少。	四至五品孺人墓 四至五品外命妇
第五等级 （六至九品官吏）	单室方形或长方形土洞墓，墓葬总长度不详，边长约3米，小龛不多见，无石墓门、石葬具。	四至五品官夫人墓 五至六品宫官墓 六至九品官员妻女墓 庶人墓
第六等级 （庶人）	单室长方形土洞墓，墓葬全长一般在10米左右，墓室边长不超过3米。	

采自金蕙涵：《唐代两京地区出土女性墓葬形制研究》，略有改动。

金筐宝钿缠枝卷莲纹蝴蝶形金饰

长14.7厘米，宽4.8厘米

——

Gold Crown Ornament in Butterfly Shape

L. 14.7 cm; W. 4.8 cm

　　由两个左右对称的"S"形卷莲枝叶组成，形似蝴蝶。卷莲枝叶由扁金丝条制成，相接处焊于金箔之上，其余部分镂空，卷莲枝叶上焊接细小的金珠。花朵部分和叶片中以细薄的金丝条编成中空的边框，内部原应镶嵌各色宝石，象征花蕾，出土时宝石多已脱落。

金筐宝钿缠枝卷莲纹凤鸟形金饰

长6.9厘米，宽6.2厘米

—

Gold Crown Ornament in Phoenix Shape
L. 6.9 cm; W. 6.2 cm

　　由数枝卷莲枝叶组合而成，呈凤羽式发散，形似一只凤
鸟，上部略有残缺。卷莲枝叶均由扁金丝条制成，相接处焊
于金箔上，其余部分镂空。卷莲枝叶上密密麻麻地焊接细小
的金珠，好似叶脉；花朵部分和叶片中以细薄的金丝条编成
中空的边框，其中原应镶嵌宝石，出土时皆已脱落。

金筐宝钿团花形金饰

直径1.3—1.8厘米

——

Gold Crown Rosette Ornaments

D. 1.3–1.8 cm

共四件，其中三件为四瓣团花，外形略呈方形；一件为六瓣团花。团花花瓣皆分内、外两重，由扁金丝编成，焊接于金箔之上，中心有小穿孔，外缘焊有一圈紧密相连的小金珠。内部花瓣中原应镶嵌绿松石，多已脱落。

金筐宝钿梅花形金饰

直径2厘米

——

Gold Crown Ornament in Plum Shape

D. 2 cm

以扁金丝条制成六个梅花花瓣，焊接于金箔之上，梅花中心的金箔上有一小孔，其间原应镶嵌各色宝石，现已脱落。花朵侧边连接有一扁金丝条，形似花梗。

铜钗

长11.3—11.4厘米

—

Bronze Hair Pin

L. 11.3–11.4 cm

　　共三件，皆由双股组成，钗头方形。其一残为四段，有一股可拼接完整，长11.3厘米；其二残为五段，可复原，长约11.4厘米；其三残缺严重，钗头不存，只有梢端不相连的两股。

铜环

直径9.2厘米

—

Bronze Loop

D. 9.2 cm

　　由中空的细铜管制成，已残为多段。依其弧度复原后，直径约9.2厘米，铜管断面直径约0.3厘米。

牙雕小鹦鹉

长2.4厘米

—

Ivory Parrot

L. 2.4 cm

　　勾喙长尾，作静立状。质料细密坚硬，呈白色，疑为象牙。鹦鹉腹下有一圆形小榫，有锈痕，通体粘有绿色的铜锈，当为与金花饰及各种铜饰一起使用的头饰品。推测其应是用于簪钗，插于发饰上，或作为花蕊立于花树顶端的花托之上。

铜丝和鎏金铜花饰

不等

—

Bronze Filigree & Gilded Flower Ornaments

Various in size

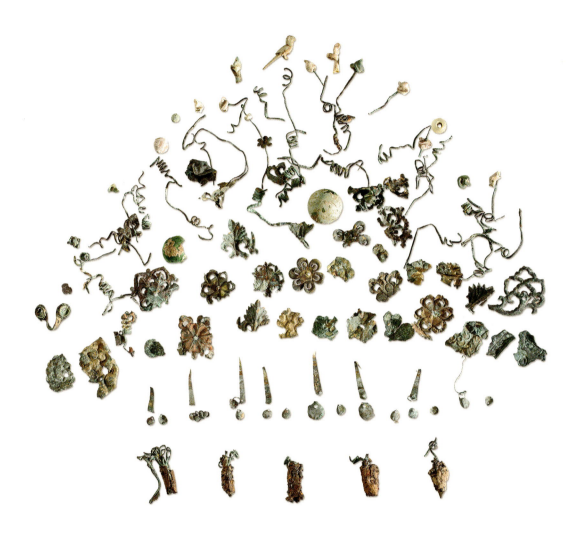

有五十余片，多已残碎。有花叶状、火轮状和几何形状等，其上鎏金大多已被绿色的铜锈所掩盖。部分铜丝上穿有白色琉璃珠或各种形状的琉璃花等小饰件。有一较大琉璃球基本完整，绿色半透状，中空，壁薄，下端有一小孔。

依目前考古发掘中所见唐代女性礼冠的构件推测，这些铜丝和花饰当为冠饰中的花树残件。一棵花树的结构通常包括花树根，花树梗、花托和花蕊等，该花树残件中，花叶形铜饰当为花托，各种铜丝当为花梗，穿在铜丝之上的白色琉璃珠和琉璃花等为花蕊。其余火轮状、几何状铜花饰等因未见类似实物使用方法，暂时无法确定其具体用途。

唐代女子高髻上常有各式妆点，或金银，或珠翠，谓之"宝髻"。"宝钿"六朝已出现，唐时更为流行，并以金粟勾勒边框，内里以金材掐作花朵图案，复以宝石填嵌花朵，形成绚丽的金筐宝钿花饰。点缀发髻的宝钿可以单独为饰，也可合制为簪或钗使用，又或装饰梳背、带銙等。

金乡县主为二品命妇人，按文献记载，发饰之中应有八枚金钿、八株花树，可惜被盗残缺，无法得知其原貌。

宝髻仕女（唐节愍太子墓壁画）

宝髻仕女（唐薛儆墓石椁线刻画）

饰花钿仕女（唐武惠妃墓石椁线刻画）

隋炀帝萧皇后礼冠复原图

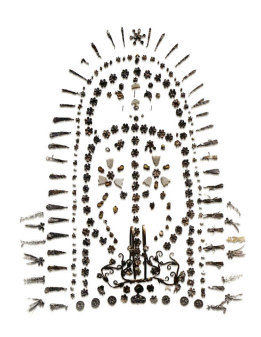

贺若氏冠残件（唐蜀国公太夫人贺若氏墓出土）

裴氏冠推测性线图参考图

李倕冠饰（唐李倕墓出土）

唐代后妃命妇礼服首饰制度图示

身份		衣	首饰			使用场合		衣	首饰	使用场合
			头等礼服						**次等礼服**	
皇后		袆衣	花十二树			受册、助祭、朝会诸大事			十二钿	宴见宾客
		鞠衣				亲蚕				
皇太子妃		褕翟	花九树			受册、助祭、朝会诸大事			九钿	宴见宾客
		鞠衣				从蚕				
内外命妇	一品	翟衣	花钗九树	宝钿九	两博鬓	受册、从蚕、朝会		钿钗礼衣	九钿	内外命妇寻常参见，外命妇朝参、辞见及礼会
	二品		花钗八树	宝钿八					八钿	
	三品		花钗七树	宝钿七					七钿	
	四品		花钗六树	宝钿六					六钿	
	五品		花钗五树	宝钿五					五钿	

采自扬眉剑舞：《从花树冠到凤冠——从隋唐到明代后妃命妇冠饰源流考》，略有改动。

唐室宗女图系

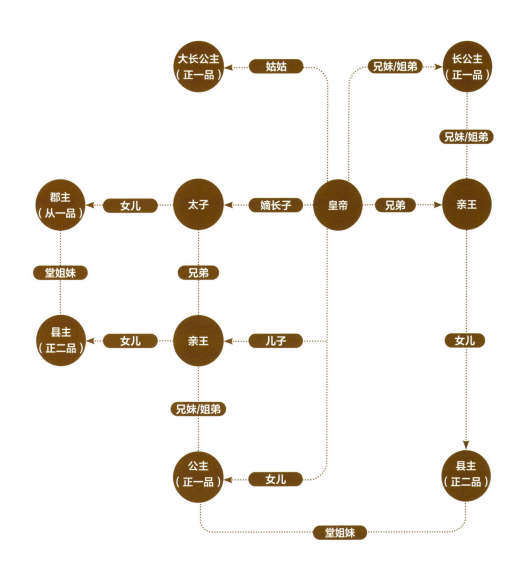

头戴进贤冠文官俑

通高60.4厘米，座高9厘米

—

Civil Officer with Official Hat

H. 60.4 cm; H. of Pedestal: 9 cm

　　头戴黑色进贤冠，身着红色宽袖交领长袍，袍垂于脚面，下饰流苏。袖长过膝，袖缘及领缘有花纹绲边。内着半臂，腰束带，足蹬方头高履。浓眉细眼，八字胡上翘，脸色泛红，双手拱于胸前，神态谦恭，作侍奉状。直立于一桃形托板上，其下配有一高台座。

　　进贤冠为文官所戴礼冠，以梁之多少区别官位之高低，唐代进贤冠有三梁、二梁、一梁的区别。《旧唐书·舆服志》有载："进贤冠，三品以上三梁，五品以上两梁，犀簪导。九品以上一梁，牛角簪导。"

头戴鹖冠武官俑

通高61.8厘米，座高9厘米

—

Military Officer with Official Hat

H. 61.8 cm; H. of Pedestal: 9 cm

　　头戴黑色鹖冠，身着阔袖中长袍，袍长及膝，外罩白色红边裲裆，腰束带，足蹬长靴。袍衫彩绘多已脱落，唯余领缘的花纹绲边，背带扣有描金。浓眉大眼，面色红润，气宇轩昂。双手握拳置于胸前，半握的手指间留有小孔，原当持物。直立于一中间带孔的托板上，其下配有一高台座。

　　《后汉书·舆服志下》有载："鹖者，勇雉也。其斗对，一死乃止"，武官佩戴鹖冠，以示其勇猛的气度。这种饰鹖雀辅双翼的鹖冠，在唐代文献中称作武弁。唐代的鹖冠在两侧画出鸟翼，唐中叶以后鹖冠上的雀形渐次消匿。

九天阊阖开宫殿，万国衣冠拜冕旒。

——王维《和贾至舍人早朝大明宫之作》（二首选一）

金乡县主生活的时代，是大唐国运最昌盛、城市生活异常活跃的美好时代。生逢盛世，她曾以皇亲国戚、金枝玉叶之贵，尽享藩邸极宠之荣，深切地融入那个美好的时代，同时也为那个时代留下了可资遐想的无限美好。

　　在这样一个并蓄古今、博采中外的社会环境中，贵族女性社会地位相对较高。她们着男装、穿胡服，参加宴饮、游猎，日常生活极其丰富。独特的时代文化在中国古代历史上塑造出别具一格的繁华盛景，向我们呈现出气象万千的大唐盛世。

The life time of the Princess coincided with the most flourishing era of the Tang Empire when the nation was strong and people enjoyed an unprecedented abundant material life especially in the metropolitan Chang'an. As a royal member, the Princess was provided with all the possible luxuries of the time.

Women of the Tang Dynasty enjoyed a relatively high social status in such a time of openness and inclusiveness. They had various ways to enjoy themselves like attending banquets and hunting trips dressed in male costumes or Hu attires, presenting a magnificent scene of the prosperous Tang Empire.

唐长安城分为宫城、皇城和外郭城三大部分。外郭城内由14条东西向和11条南北向的街道划分出108个居民居住的坊和东、西两个市场。全城以朱雀大街为南北中轴线，对称地分为东、西两部分，东部属万年县，西部属长安县。金乡县主就居住在隶属于长安县的安业坊内。

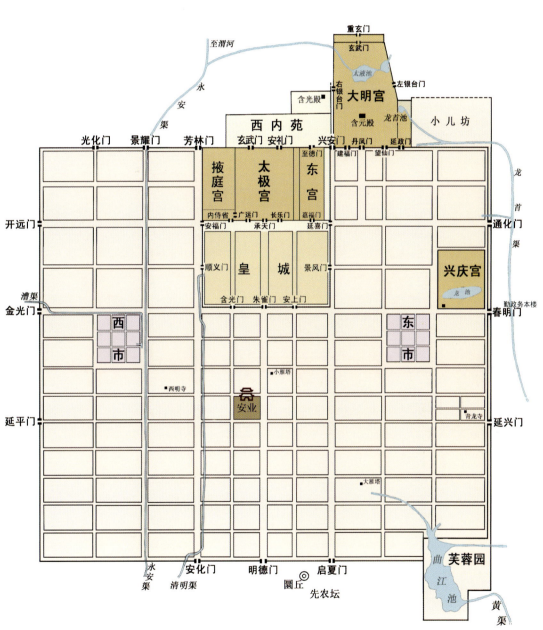

唐长安城平面示意图

金乡县主生前居住地

唐代居民住宅的布局处于由廊院向合院发展的过渡时期，廊院四周由回廊环绕而不建房屋，合院则以廊屋代替回廊。

唐代的合院比较狭长，以西安中堡村出土的三彩住宅模型为例，其中轴线上依次布置着大门、三彩山池、四角攒尖方亭、前堂、八角亭及后室，两边院墙分别布置六座厢房。当时较大的住宅多由数重院落组成，院侧还会有马厩、园池亭台等建筑。此外，官宦人家一般还拥有楼阁和私家园林，呈现一派自然野趣。

三彩院落建筑模型（西安市西郊中堡村唐墓出土）

假山模型

长径8.5厘米，短径5厘米，高11厘米

—

Miniature Rockery

Max D. 8.5 cm; Min D. 5 cm; H. 11 cm

假山底部近椭圆形，顶部略小，
其间凹凸错落，刻画出山体沟壑，原
施白衣，多已脱落。

捣练图（兴教寺唐代石槽线刻画）

一 长安气象 Glamour of Metropolitan Chang'an

在长安城一百万总人口中，各国侨民和外籍居民约占总数的百分之二。中亚的乐舞、杂技和魔术在长安大为流行，南亚的佛学、医学、历法、语言学、音乐、美术，西亚的各类宗教、医学、建筑及马球都纷纷涌入长安。融合了埃及、亚述、希腊、罗马、萨珊、拜占庭等世界文化背景的中亚、西亚和南亚文化，从首都长安传播到全国各地，呈现出『风动于都市，而声闻于四野』的长安气象。

客使图（唐章怀太子墓壁画）

唐嗣圣十年杨氏墓出土胡俑

西安韩森寨唐高氏墓出土男俑

咸阳边防村唐墓出土男俑

开元六年韦顼墓石椁线刻女像

莫高窟159窟东壁壁画吐蕃赞普的侍从

礼泉唐李贞墓出土女骑俑

莫高窟158窟北壁壁画中的外国王子

莫高窟159窟东壁壁画吐蕃赞普的侍从

开元六年韦顼墓石椁线刻女像

（根据孙机：《唐代妇女的服装与化妆》绘制）

胡人与骆驼

边城暮雨雁飞低，芦笋初生渐欲齐。
无数铃声遥过碛，应驮白练到安西。

——张籍《凉州词·其一》

唐时经济繁荣，政治稳定，大批胡商东来。长安西市是众多胡商的汇集地，粟特胡、波斯胡、大食胡等均活跃于各行各业。金乡县主墓中出土的头戴圆顶翻沿帽或尖顶帽的骑驼胡俑，正是丝绸之路上无数长途奔波的胡商们的生动写照。

骑立驼胡俑

通高63厘米，骆驼长56厘米

—

Standing Camel Rider of Hu People

H. 63 cm; L. of Camel: 56 cm

骆驼曲颈昂首，注视前方，直立于一长方形托板上，头顶涂以红彩，身体涂以黄彩，局部有脱落。两峰分别倒向左、右两侧。驼峰间骑坐一胡俑，头戴黑色圆顶翻沿浑脱帽，翻沿下露出皮毛，可知帽为皮质。身着圆领窄袖衣，足蹬黑色高勒靴，腰扎革带。胡俑高鼻深目，双眼圆睁，面色红润，黑眉朱唇。昂首挺胸，左手前伸作抓握状，右手已残。

骑卧驼胡俑

通高41厘米，骆驼长61厘米

—

Lying Camel Rider of Hu People

H. 41 cm; L. of Camel: 61 cm

骆驼屈腿卧伏，昂首曲颈，全身黄褐色，毛发涂棕红彩，以白、黑、红诸彩绘出口、鼻、眼等细部。两驼峰间骑坐一胡俑，鼻子高挺，深目圆瞪。头戴尖顶毡帽，身着圆领窄袖紧身衣。足蹬黑色高勒靴，腰束革带。右臂高举过肩，右手攥成拳，中间有孔，原当持物，左臂略屈置于腰侧，左手亦紧握，似为牵缰赶驼状。胡俑面部及手臂施粉红彩，朱唇，眉、眼绘以黑彩，帽子白中泛黄，衣服白底红彩，多已脱落。

长髯胡服牵马俑

通高43厘米

—

Horse Attendant of Hu People

H. 43 cm

西域胡人形象。高鼻深目、红脸膛、黑眼睛、白牙齿，满脸是黑而浓密的络腮胡。竖眉瞪眼，张口作大声呵斥状。头戴黑色幞头，身穿翻领紧袖胡服，衣长至膝下。右臂脱去外衫，衣袖扎于腰间，露出内部所着红色绣花边交领半臂。腰束黑色革带，足蹬黑色高靴。两腿叉开直立，右手略高，左手稍低，置于腰际作拉缰状。胡服颜色脱落，露出白色陶衣。

长髯胡服牵马俑

通高42.5厘米

—

Horse Attendant of Hu People

H. 42.5 cm

西域胡人形象。高鼻深目、红脸膛、黑眼睛、白牙齿，满脸是黑而浓密的络腮胡。竖眉瞪眼，张口作大声呵斥状。头戴黑色幞头，身穿翻领紧袖胡服，衣长至膝下。腰束黑色革带，足蹬黑色高靴。两腿叉开直立，右手略高，左手稍低，置于腰际作拉缰状。胡服上残留斑斑黑彩，外翻的衣领似有绿色彩绘。

幞头胡服牵马俑

高38.6厘米，宽19厘米

———

Horse Attendant Wearing a Hu Turban

H. 38.6 cm; W. 19 cm

　　头戴黑色幞头，面带微笑，嘴角微微翘起。身穿翻领紧袖胡服，衣长至足，袒右臂，内着窄袖衫，上罩团花半臂。腰系褡裢，于腹前打结。足穿高靴。双腿直立，左臂抬起，右臂下垂，双手紧握，作拉缰状。

双垂髻牵马僮俑

通高40.4厘米

—

Woman Horse Attendant Wearing Side Buns

H. 40.4 cm

双垂髻牵马女俑

通高40厘米

—

Child Horse Attendant Wearing Side Buns

H. 40 cm

　　头梳双垂髻，脸庞圆润，粉面朱唇。内穿粉白色半臂，袖缘上饰有彩绘宝相花纹饰。外罩翻领窄袖胡服，腰束黑色革带，足穿高勒靴。袒左臂，露出肌肉隆起、粗壮有力的手臂，衣袖扎于腰间，左手握拳作拉缰状，右臂下垂，手隐于袖内，双腿直立。

　　头发左右分梳，挽成双髻下垂于耳旁，大眼睛，脸庞圆润，黑眉朱唇，面带稚气。上身穿窄袖衫，罩以"V"形领的半臂，外着中长袍扎束于腰间，用双袖在腹前打结，足蹬高勒靴，右臂半抬，左臂下垂，双手紧握作拉缰状，直立于一梯形托板上。

面似老妪牵马俑

通高38.7厘米

—

Horse Attendant with an Old Lady's Look

H. 38.7 cm

　　头发梳向脑后，发髻已残。圆脸，细眼，宽扁鼻，高颧骨，唇点朱红，面相古怪，酷似老妪。身着圆领窄袖袍，腰束黑色革带，足穿高勒靴。袍衫上的彩绘大部分已脱落，唯余一条从领缘至袍底的衣襟，以红彩地，绘有白花彩叶纹。双腿直立，右手抬起，左手向下，作拉缰状。

马饰

唐代骑马出行之风兴盛，男子在隆重场合都会骑马，流风所及，妇女也乐于骑马驰骋。此时的马具和马饰逐渐发展得更加完备和美观。这其中，鞍鞯极其流行，使用数量一般是四到六根，其数量是皇室贵族身份地位的象征。

唐代马饰图释

三花　鞍　火珠　当卢　鞦　络头　镳　攀胸　杏叶　鞿　鞍鞯　鞍袱　障泥　镫

剪鬃短缚尾陶鞍马

高56.7厘米

—

Saddled Horse with Trimmed Mane and Tied Tail

H. 56.7 cm

马首高昂，双眼圆睁，目视左前方，头部筋骨分明，双耳竖起，额头鬃毛分梳两侧，颈上剪出密实而短平的鬃毛。胸肌突出，臀肥体健。背负鞍鞯，鞯略呈圆角长方形，宽白边，棕红地上残存四瓣小白花。鞍上铺有鞍袱，袱应为白色绫绢类，两端扎束飘垂马背。马后背尻部有一圆形小孔，当是装饰物"火珠"（或称"云珠"）脱落后留下的插孔。短缚尾。四蹄劲健，直立托板之上。通体枣红色。

插鬃尾陶鞍马

高54厘米

—

Saddled Horse with Tail Missing

H. 54cm

马首高扬，仰天长啸，颈上留有一道凹槽，原当插有鬃毛。背负鞍鞯，上铺有鞍袱，下有障泥。鞍鞯彩绘已脱落，可辨鞯上有红彩勾勒的小团花。鞍袱上缀六瓣小白花。尾部有一圆孔，原当插有鬃毛做成的尾巴。通体枣红色，鼻至额涂白彩。

剪鬃短缚尾陶鞍马

高49.8厘米

—

Saddled Horse with Trimmed Mane and Tied Tail

H. 49.8 cm

马头左摆，背负鞍鞯，鞍略残，红地宽白边的鞯上散缀着白色团花。无鞍袱。通体白色。

插鬃尾陶鞍马

高58厘米

—

Saddled Horse with Tail Missing

H. 58 cm

马头左摆，背负鞍鞯，鞍鞯下有障泥，尾部留一圆孔，原当插有鬃毛做成的尾巴。直立于托板之上，彩绘已脱落。

剪鬃短缚尾陶鞍马

高55.5厘米

—

Saddled Horse with Trimmed Mane and Tied Tail

H. 55.5 cm

马首高扬，目视前方，似在长鸣。背负鞍鞯，上铺鞍袱，鞯下却有障泥。彩绘已脱落，从残迹看原为红色马匹。

披鬃陶鞍马

高46.3厘米

—

Saddled Horse with Full Mane

H. 46.3 cm

　　低首张口，曲颈嘶鸣，颈上披垂着长长的鬃毛。背负鞍鞴，下有障泥、短缚尾。四腿直立于托板之上。通体黄褐色，鼻至额涂白彩。

唐代多元的文化背景、富庶的经济环境、开明的文化政策为唐代女性提供了较为宽松的生活空间，使奢靡的物质追逐在当时成为可能。女性能够经常参加骑马出行、狩猎、打马球、拔河等竞技娱乐活动，为了适应这些比较剧烈的活动，女着男装以及胡服成为流行时尚。

戴耳衣仕女俑（西安美术学院美术博物馆旧藏）

唐人李廓《送振武将军》诗云：「叶叶归边骑，风头万里干。金装腰带重，锦缝耳衣寒。」耳衣又称『暖耳』，是寒冷冬日给耳部取暖的用具。唐代耳衣形式多样，有的简略厚实，有的小巧精致。

观鸟扑蝉图（唐章怀太子墓壁画）

唐代妇女的发髻花样翻新、层出不穷，见之于各类文献记载的唐妇女发髻名目繁多，有云髻、丫髻、螺髻、双垂髻、乌蛮髻、堕马髻、三角髻、峨髻等近百种。

总体来说，唐代女性喜爱梳高髻，往往在发髻中垫以假发，新疆地区曾出土唐代女性使用的假发。高耸的发髻，体现了唐代女性自信、华贵的美。

单刀髻

堕马髻

倭堕髻

高髻

高抛髻

乌蛮髻

螺髻

双垂髻

抛家髻

双刀髻

闹扫髻

双丫髻

将头发自两鬓梳向脑后，掠至头顶挽成一椎或二椎，并配以蝉鬓，再向前额俯垂的髻式，就是『倭堕髻』。唐代《南歌子》词：『倭堕低梳髻，连娟细扫眉。』

唐代女性妆容

唐代女性的面部妆容十分华丽，女子对于自己的脸颊敢用力，乐于尝试各种颜料和装饰，除了一般的粉泽、口脂外，还会贴花钿，点妆靥，涂斜红，并追求繁复多变的眉式。

唐代妇女化妆顺序图释

第一步　敷铅粉

第二步　抹胭脂

第三步　画黛眉

第四步　贴花钿

第五步　点面靥

第六步　描斜红

第七步　涂唇脂

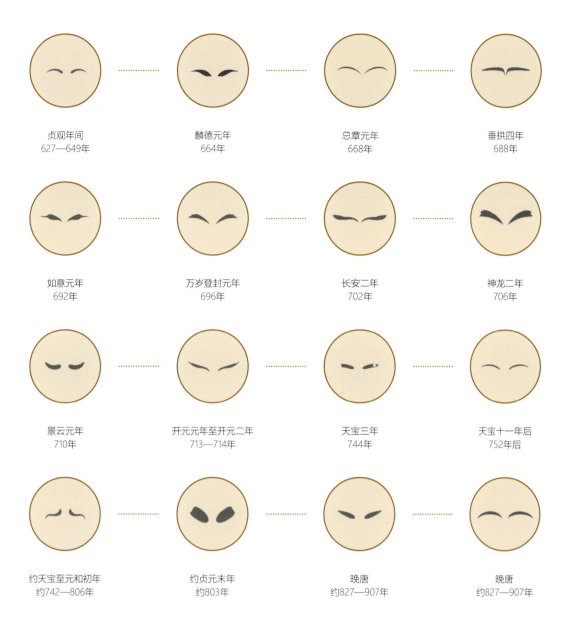

唐代妇女画眉样式

贞观年间
627—649年

麟德元年
664年

总章元年
668年

垂拱四年
688年

如意元年
692年

万岁登封元年
696年

长安二年
702年

神龙二年
706年

景云元年
710年

开元元年至开元二年
713—714年

天宝三年
744年

天宝十一年后
752年后

约天宝至元和初年
约742—806年

约贞元末年
约803年

晚唐
约827—907年

晚唐
约827—907年

古代妇女唇妆样式

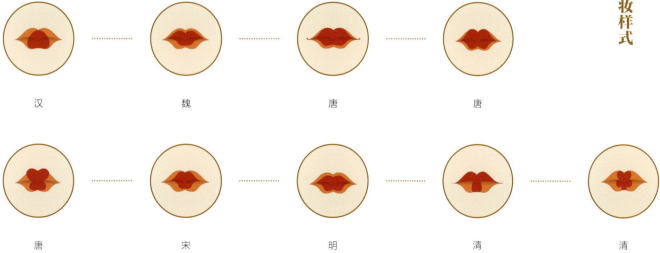

汉

魏

唐

唐

唐

宋

明

清

清

双垂髻胡服女立俑

通高43.3厘米

—

Standing Woman Figure Wearing Side Buns in Exotic Attire

H. 43.3 cm

　　头梳双垂髻，头顶及右髻上残留描金花饰。面庞圆润，玲珑小鼻，朱唇轻抿，面带微笑。内着半臂，外着浅绿底圆领胡服，其上散缀圆形白色团花，襟边从领口至袍底有较宽的花边，袍下露出红色小口裤。足穿翘头锦履，腰束蹀躞带，圆铊及铊尾皆描金。女俑双臂抬置胸前，右手上举，左手隐于袖内，手中还留有铁柄，原当持镜。

带宝冠男装女立俑

通高44.8厘米

—

Standing Woman Figure in Man's Costume with High Crown

H. 44.8 cm

　　头戴黑色幞头，上罩花冠，冠已残，其上留存彩绘及描金痕迹。面庞圆润，粉面朱唇，戴耳套，身穿圆领窄袖袍，内着半臂，腰束革带，背后镶有五个圆銙，右侧系一鞶囊。袍衫彩绘多已脱落，依稀可见数朵黑线勾勒的团花及袍襟的绣花边。女俑左臂下垂，手隐袖内，右臂半举于胸前，手略残，其上留有铁柄，原当持物。

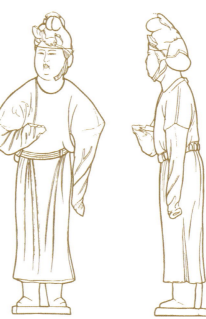
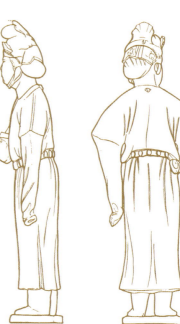

倭堕髻男装女立俑

通高42.7厘米

—

Standing Woman Figure in Man's Costume

H. 42.7 cm

顶髻已残，原当搭在前额上，两鬓长不过耳，宽松阔大呈抱面之势，疑为倭堕髻。粉面朱唇，面庞丰腴。外穿圆领窄袖长袍，彩绘多已脱落，依稀可辨袍襟上有红彩勾绘的宽带状花边。内着半臂，腰束革带，带上有圆銙，足蹬高靿靴。女俑双臂屈举于胸前，右手隐于袖内，左手略残，手中残存铁柄，原当持物。

倭堕髻襦衫长裙女立俑

通高40.3厘米

—

Standing Woman Figure in Coat and Long Dress

H. 40.3 cm

　　头梳倭堕髻，朱唇微启，浅露笑意。上穿窄袖襦衫，内着半臂，下着曳地长裙，裙腰齐胸。肩披长帛，绕过胸前，垂于身后。衣着上的彩绘惜已脱落，唯余白衣。女俑双手环抱拱于胸前，手笼于袖内，自然站立。鞋被长裙所盖。

双垂髻半臂女立俑

通高24.2厘米

—

Standing Woman Figure Wearing Side Buns in Short-Sleeved Coat

H. 24.2 cm

女俑头梳双垂髻，侧首含笑，圆脸、柳叶眉、细长眼、樱桃小口，鼻子挺翘，上着白色窄袖衫，内衬半臂，下着浅绿色曳地长裙，裙腰高及胸部，橘红色帔帛从胸前绕至肩背，长垂身后。帔帛上散缀白色小花。双手交置腹前，中间有圆孔，原当持物。

倭堕髻半臂女立俑

通高25.5厘米

—

Woman Figure in Short-Sleeved Coat with Pompadour Hairdo

H. 25.5 cm

　　两鬟抱面，顶髻前倾分为两瓣，搭在前额，应为倭堕髻，髻根系以白色丝带。面施粉白，面部丰腴，鼻子秀挺，朱唇微启，侧首含笑。身穿白色窄袖襦衫，内着半臂，下着橘红色曳地长裙。白色长帔帛绕过胸前，自然飘垂于身后。鞋被长裙所盖。女俑双手拱于胸前，中间有小孔，原当持物。

倭堕髻半臂女立俑

通高25厘米

—

Woman Figure in Short-Sleeved Coat with Pompadour Hairdo

H. 25 cm

双鬟抱面，发髻已残。上着橘红色缀白花窄袖衫，内衬半臂，下着浅绿色曳地长裙，裙腰高及胸部。白色帔帛绕过胸前，飘垂身后。女俑头向左上侧仰，眼微眯，面部上翘，双手环抱置于右腹部，中间有孔，原当持物。

单刀高髻女立俑

通高26厘米

—

Standing Woman Figure with Blade Hair Style

H. 26 cm

　　头梳"刀形"高髻。上着淡黄色窄袖襦衫，内衬半臂，下着橘红色曳地长裙。白色帔帛绕过胸前，分搭两肩，飘垂身后。鞋被长裙所盖。女俑侧身而立，双手拱于胸前，中间有小孔，原当持物。其眉、眼、鼻等细部的刻画与其他女俑迥异，眉略高而眼略深，鼻子略显宽扁，脸庞圆润，嘴角略翘，不似汉人，应为文献中记载的"胡姬"形象。

倭堕髻襦衫女立俑

通高16.2—18厘米

—

Standing Woman Figures in Short-Sleeved Coat with Top Bun

H. 16.2–18 cm

　　共八件。女俑造型、发饰相近，唯着装的颜色略有差异。双手均环抱置于腹前，作侍立之态。面容清秀、体态苗条，头梳倭堕髻，上着窄袖襦衫，肩披长帛，下穿曳地长裙，裙腰高及胸部。

幞头男侍俑

高7.8–8.7厘米.

—

Male Attendants Wearing Turbans

H. 7.8-8.7 cm

共三件。形体较小，均戴黑色幞头，两角巾长垂肩背，身着白色圆领窄袖袍，袍长及足，腰束黑色革带，足蹬圆头靴。男俑均双脚并立，双手拱于胸前，面貌谦恭。

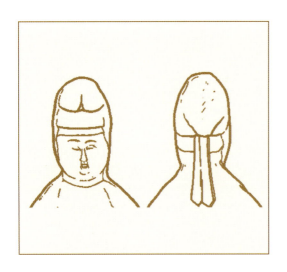

长，士庶脚短。

区别其身份地位，具有一定礼仪性，尊贵者脚

代幞头后面的两脚有各种形制，以两脚的长短

折角向上演变而成，因而又称『折上巾』。唐

原为头巾、软帽，最早是在东汉幞巾的基础上

幞头，亦名『襆头』『服头』等。由于它

幞头男侍俑

高17.2—18.1厘米

—

Male Attendants Wearing Turbans

H. 17.2-18.1 cm

共六件。男俑造型相同，均双脚并立，双手
拱于胸前，神态谦恭。形体略高大，脸色红润，
稚气未脱，细眉小眼，唇点朱红。均头戴高耸前
倾分为两瓣的黑色幞头，两角巾长垂肩背，身着
白色圆领窄袖袍，袍长及足，腰束黑色革带，足
蹬圆头靴。

小冠男侍俑

高13.5厘米

——

Male Attendants Wearing Hats

H. 13.5 cm

　　共八件。男俑形体大小、造型及着装基本一致。黑眉大眼，圆脸朱唇，神情严肃。均头戴黑色小冠，身着橘红色交领大袖袍，下着白色褶裤，腰束带。长袖垂至膝下，足蹬圆头黑履。男俑双手握拳，右手在上，紧贴胸部，左手在下，紧贴腹部，作恭立侍奉状，拳眼留有小孔，原当持物。

二 物阜民丰 Time of Plenty

丝绸之路的畅通给唐代经济生活带来了前所未有的繁荣，西市是长安城最大的商业中心，也是世界上最大的市场，众多来自异域的奇物异产，精美绝伦，使唐代长安人的生活变得丰富多彩。骆驼在长安会参与到唐人的狩猎出行活动之中，西域马匹更加满足了唐人对宝马良驹的喜好和追求，从西亚、中亚传入长安地区的峰牛也成为唐人重要的出行工具。唐人的日常肉食，以羊、猪、鸡为主，而此时胡汉饮食文化的交流也达到了巅峰，胡食盛行于中原，尤以上层贵族阶级最为推崇，这正显示出唐人对外来文化的选择和容纳。

宴饮图（西安市长安区南里王村唐墓壁画）

双峰立驼
高58.5厘米

—

Standing Bactrian Camel
H. 58.5 cm

骆驼呈站立状，昂首曲颈，目视前方，嘴部大张，呈向天长鸣之态。双峰交错侧倾。通体呈黄褐色，彩绘多已脱落。

双峰立驼
高55.2厘米

—

Standing Bactrian Camel
H. 55.2 cm

骆驼躯体浑圆，四肢有力，直立于长方形托板上。竖颈仰首，脑后鬃毛披垂而下，口微张作嘶鸣状。通体呈黄褐色，颈下鬃毛及双峰施红彩。

双峰卧驼

高10.6厘米

—

Lying Bactrian Camels

H. 10.6 cm

共七件。此组骆驼形体较小，均为双峰，曲颈昂首，首顶披毛，四腿弯曲平卧于地。通体呈棕黄色，颈下鬃毛及二峰等施红彩或白彩。

陶马

高10.4—13.2厘米

—

Pottery Horses

H. 10.4–13.2 cm

共六件。此组陶马体型较小，四肢劲健，或昂首，或低头，直立于长方形托板上。均无辔头、无缚尾。通体呈棕黄色或枣红色，整组造型自由奔放。

陶牛

高17厘米，长22厘米

—

Pottery Cow

H. 17 cm; L. 22 cm

陶牛体格雄健，身躯壮硕，塌背拱肩，四肢有力。双目圆瞪似铜铃，双耳竖起，双角冲天，长而尖。脖颈坚挺，肩部高高隆起，气势如虎。通体呈深红色，整体形象生动。

陶牛

高8.2厘米，长13厘米

—

Pottery Cow

H. 8.2 cm; L. 13 cm

陶牛呈站立状，体型较小，伸颈翘首，眼睛圆睁，腹部宽大，腹下垂有双乳，通体呈深红色。

陶牛

高5.2—9.4厘米，长10.4—16厘米

—

Pottery Cows

H. 5.2–9.4cm; L. 10.4–16 cm

共五件。陶立牛二件，一大一小。大立牛，体格雄健，颈背前方微微隆起，双角短小，通体呈深红色。小立牛，身躯略小，头部圆润，棱角不分明，头上无角，耳朵短小，通体呈淡黄色。

陶卧牛三件，均四腿盘曲，平卧于地。其中一牛犄角较长，通体呈棕黄色。其余二牛均无角，通体呈深红色。

峰牛

唐人所谓峰牛，即『项上隆起者也』，现代称之为『瘤牛』。《辞海》『瘤牛』条解释云：『中国古代称为「犎牛」「封牛」……因髻甲部组织隆起如瘤，故名。被毛多灰白色，亦有赤、褐、黑或花斑者。头面狭长，额平或稍隆起。垂披发达……』。两汉之际，峰牛已作为一种贡品传入我国。唐代贵族以珍奇玩物为时尚，因此金乡县主墓中出土的两件峰牛俑具有一定『等级性』。唐代的峰牛俑是继骆驼俑、胡人俑之外又一丝绸之路的象征符号，在唐代中西文化交流中同样起到不可忽视的作用。

牛车图摹本（唐阿史那忠墓壁画）

峰牛

高13.2厘米，长18.8厘米

—

Zebu

H. 13.2 cm; L. 18.8 cm

峰牛体格雄健，四肢壮硕，直立于地。五官清晰，双目圆瞪似铜铃，双耳竖起，犄角竖起，长而尖。脖颈健厚，塌背拱肩，肩部高高隆起，气势如虎。通体棕黄，整体形象生动。

峰牛

高11.4厘米，长20.8厘米

—

Zebu

H. 11.4 cm; L. 20.8 cm

峰牛呈站立状，身躯壮硕，四肢粗壮有力。双目圆睁，鼻微翘，双角竖起，一侧缺失，眼周及颈下褶皱清晰。塌背拱肩，颈背前方隆起。

陶鸡

高5.1—9.3厘米，长5.1—9.3厘米

——

Pottery Chickens

H. 5.1–9.3 cm; L. 5.1–9.3 cm

共三件。陶公鸡一件，尖喙高冠，昂头翘尾，呈站立状。彩绘大部分已脱落，从残迹看其头部施橘红色彩。陶母鸡两件，头无冠，扬头翘尾，呈蹲坐状。头部施橘红色彩，身涂黄褐色彩。

陶羊

高5.4—6.8厘米，长8.2—12厘米

—

Pottery Sheep & Goats

H. 5.4–6.8 cm; L. 8.2–12 cm

    共五件。其中立羊两件，卧羊三件。陶立羊一大一小，通体呈灰色。大立羊身体圆润，四腿直立，尾短下垂，双目圆睁，向前张望，双耳耷拉，应为绵羊。小立羊面阔嘴尖，棱角分明。双耳上竖，双目圆瞪，直冲前方。扬头挺角，犄角直而尖。颔下有一撮山羊胡，颈下及腹中有长毛披垂。尾巴上翘，应为山羊。

    卧羊两大一小，通体呈灰色。大卧羊两件，一件四肢盘屈，尾部自然下垂，伏卧于地。双目圆睁，耳朵下垂，犄角向头的两侧下垂后再绕过耳朵盘曲上翘。一件体态肥硕，呈卧伏。双目平视，犄角上竖向后弯，颈粗，颈下到腹部有长毛。小卧羊呈左卧姿，角、后腿及尾略残。

陶猪

高5.7—8厘米，长11.2—17厘米

—

Pottery Pigs

H. 5.7–8 cm; L. 11.2–17 cm

共四件。其中立猪三件，卧猪一件。立猪一大两小，大立猪通体黑色，四腿直立，作行走状，耳尖而垂，眼细而长，嘴尖而翘。体型肥硕，腹圆下坠，颈部鬃毛竖立，尾部下垂状似野猪。小立猪两件，大小相当，通体呈灰色。其中一件吻部前突，吻梁隆起，头顶鬃毛前倾，四足交替作行走状，尾短而粗。另一件四腿直立，作行走状。卧猪尖嘴，立鬃，身躯肥硕，状似野猪。通体灰黑色。四腿盘屈于腹下，伏卧于地。

陶狗

高8.5厘米

—

Pottery Dog

H. 8.5 cm

　　陶狗头部高高扬起，双目圆凸，目视前方。腰身直挺，脖颈上似有项圈。前腿抬起，悬于空中，后腿弯曲，尾巴盘地，呈直立之势。腿部及前爪部分残缺。通体棕黄色，彩绘多已脱落，仅留有白衣，局部露出灰陶胎。

陶狗

长7.4厘米

—

Pottery Dog

L. 7.4 cm

　　陶狗五官分明，头自然下垂，双耳耷拉，紧贴头部，眼睛圆睁。嘴部伏于前腿之上。身体左倾，略呈弧形，前腿伸出，后腿弯曲收于腹下做趴伏状。尾稍残。通体棕黄色。

多彩人生

金乡县主墓中的各类陶俑，再现了县主生前富贵荣华的生活和豪迈奔放的性格特征。气势宏大的骑马鼓吹仪仗俑，刻画了仪卫威严的等级制度；架鹰抱犬、带豹驮鹿的骑马狩猎俑，更是唐代贵族逐兽山林、射猎苑中的真实写照；百戏杂技则反映了丰富多彩的都市生活。爱好如此广泛的一位唐代县主有赖于她所生活的时代和家庭对她性格的塑造，也给我们留下了"端庄杂流丽，刚健含婀娜"的鲜活形象。

The luxurious life and the unrestrained personality of the Princess are fully demonstrated by the clay figures found from the tomb. The strict hierarchical system is displayed by the grandeur of guards of honor with drums and instruments. The prevailing hunting practice is depicted on the murals showing a man holding a hound in hands with a falcon on the shoulder or riding a horse with the prey deer and a hunting companion leopard. The colorful unban life is displayed through the acrobatic and operatic performers. The pursuit of fashion is reflected from the exotic make-ups and glamorous garments.

陶猪

高5.7—8厘米，长11.2—17厘米

—

Pottery Pigs

H. 5.7–8 cm; L. 11.2–17 cm

　　共四件。其中立猪三件，卧猪一件。立猪一大两小，大立猪通体黑色，四腿直立，作行走状，耳尖而垂，眼细而长，嘴尖而翘。体型肥硕，腹圆下坠，颈部鬃毛竖立，尾部下垂状似野猪。小立猪两件，大小相当，通体呈灰色。其中一件吻部前突，吻梁隆起，头顶鬃毛前倾，四足交替作行走状，尾短而粗。另一件四腿直立，作行走状。卧猪尖嘴，立鬃，身躯肥硕，状似野猪。通体灰黑色。四腿盘屈于腹下，伏卧于地。

陶狗

高8.5厘米

—

Pottery Dog

H. 8.5 cm

陶狗头部高高扬起，双目圆凸，目视前方。腰身直挺，脖颈上似有项圈。前腿抬起，悬于空中，后腿弯曲，尾巴盘地，呈直立之势。腿部及前爪部分残缺。通体棕黄色，彩绘多已脱落，仅留有白衣，局部露出灰陶胎。

陶狗

长7.4厘米

—

Pottery Dog

L. 7.4 cm

陶狗五官分明，头自然下垂，双耳耷拉，紧贴头部，眼睛圆睁。嘴部伏于前腿之上。身体左倾，略呈弧形，前腿伸出，后腿弯曲收于腹下做趴伏状。尾稍残。通体棕黄色。

金乡县主生平

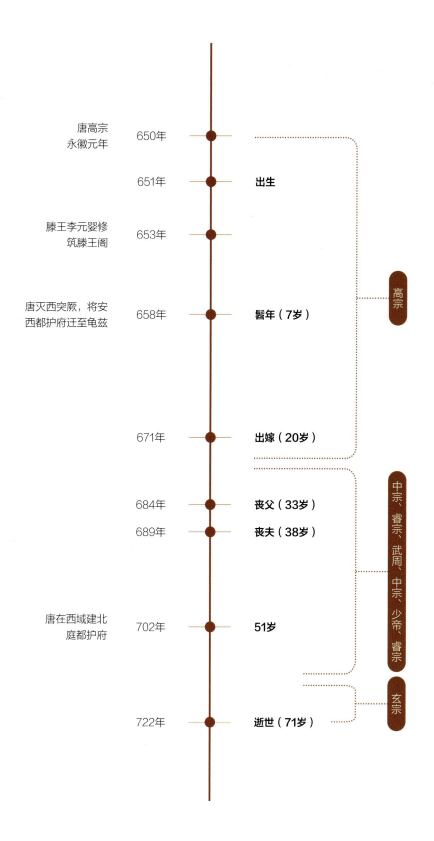

唐高宗
永徽元年　650年

651年　**出生**

滕王李元婴修
筑滕王阁　653年

高宗

唐灭西突厥，将安
西都护府迁至龟兹　658年　**髫年（7岁）**

671年　**出嫁（20岁）**

中宗、睿宗、武周、中宗、少帝、睿宗

684年　**丧父（33岁）**
689年　**丧夫（38岁）**

唐在西域建北
庭都护府　702年　**51岁**

玄宗

722年　**逝世（71岁）**

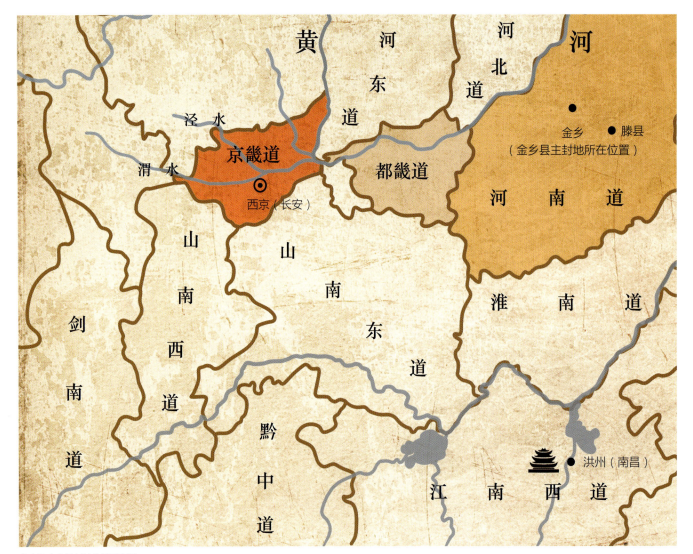

金乡县主食邑封地位置示意图

金乡县主食邑（封地）位于唐河南道金乡县（今山东省济宁市金乡县一带），距离首都长安约744公里。金乡县主享有二品命妇的政治地位，但为虚封，终身居住在首都长安。

滕王阁图（元）夏永

『落霞与孤鹜齐飞，秋水共长天一色。』唐代诗人王勃的《滕王阁序》使坐落于江西南昌赣江边的滕王阁声名远播，而当年主持修建者正是金乡县主的父亲滕王李元婴。李元婴曾被李世民封于滕州，故名滕王。他还给后人留下了『滕派蝶画』的艺术瑰宝。

一 仪卫威严
Grandeur of Honor Guards

鼓吹和仪仗是唐代礼制的重要组成部分。出行仪仗中的鼓吹乐为北方游牧民族所创，汉初传入中原，唐代得到空前重视。所用乐器以吹奏与打击为主，如鼓、钲、角、笳、箫、筚篥、横笛等。

金乡县主墓志云：『野旷而笳鼓喧声，林静而旌旗黯色』，由此可见金乡县主下葬时应使用了鼓吹仪仗，以壮丧仪。墓中出土的一组骑马鼓吹仪仗俑亦是唐代贵族仪礼的艺术再现与真实写照。

骑马鼓吹仪仗俑

共十八件。出于墓东龛，皆为男俑。此组骑马鼓吹仪仗俑在人物造型、服饰、彩绘等方面表现出较大的同一性，大多手持乐器作演奏状，乐器有排箫、横笛、竽篪、胡笳、节鼓等。

戴风帽骑马吹笛俑

通高30.4厘米，马长23.8厘米

—

Flute Player on Horseback

H. 30.4 cm; L. of Horse: 23.8 cm

男俑头戴橘红色风帽，身穿橘红色阔袖袍。双臂抬起，双手空握并贴于嘴的左侧作吹奏状，手中原持横笛已失。彩绘及白衣基本已脱落，露出黑灰色陶胎，仅在衣纹上残有斑驳橘红彩。马身直立于一长方形托板上。

戴风帽骑马吹笛俑
通高30.2厘米，马长25厘米

——

Flute Player on Horseback
H. 30.2 cm; L. of Horse: 25 cm

男俑头戴橘红色风帽，身穿橘红色阔袖袍。左手残，右手空握，手背向外，中有孔，平举于嘴的左侧作吹奏状，手中原持横笛已失。马身棕红色，颈上及臀部在白彩上散布有红色斑块，直立于一长方形托板上。

戴风帽骑马击鼓俑

通高29厘米，马长24.8厘米

—

Drum Player on Horseback Wearing a Hood

H. 29 cm; L. of Horse: 24.8 cm

男俑头戴风帽，身穿橘红色阔袖袍，脚蹬高靿靴。右手高高举起，左手落下，双手握拳，中有小孔，原当持有鼓杖。鞍的左后侧有一小孔，原当置鼓。马身棕红色，鼻梁至额头涂白彩，背部的白彩上散布有红斑块。鞍鞯为黑色，直立于长方形托板之上。

戴风帽骑马击鼓俑

通高30.8厘米，马长23.8厘米

—

Drum Player on Horseback Wearing a Hood

H. 30.8 cm; L. of Horse: 23.8 cm

男俑头戴风帽，身穿橘红色阔袖袍，脚蹬高靿靴。右手高高举起，左手落下，双手握拳，中有小孔，原当持有鼓杖。右膝处留有插孔，原当置鼓。马身棕红色，直立于长方形托板之上。

戴风帽骑马击鼓俑

通高29.8厘米，马残长24厘米

—

Drum Player on Horseback Wearing a Hood

H. 29.8 cm; L. of Horse: 24 cm

男俑头戴风帽，身穿橘红色阔袖长袍，脚蹬高勒靴。右手高高举起，左手落下，双手握拳，中有小孔，原当持有鼓杖。骑俑左大腿前有一圆孔，原当置鼓。马的头部、脖颈和臀部用黑彩画出辔头、鞍鞯，直立于长方形托板之上。

戴风帽骑马击鼓俑

通高31厘米，马长23.2厘米

—

Drum Player on Horseback Wearing a Hood

H. 31 cm; L. of Horse: 23.2 cm

男俑头戴风帽，身穿橘红色阔袖袍，脚蹬高勒靴。右手高高举起，左手落下，双手握拳，中有小孔，原当持有鼓杖。马身棕红色，直立于长方形托板之上。

戴风帽骑马击鼓俑

通高31厘米，马长25.6厘米

—

Drum Player on Horseback Wearing a Hood

H. 31 cm; L. of Horse: 25.6 cm

男俑头戴橘红色风帽，风帽高耸，顶略前倾，下缘垂于肩背部。马鞍右侧的前端有一圆孔，原当置鼓。右手举起，与胸同齐，左手落下，双手紧握，手中原当持有鼓杖。马身棕红色，颈及臀部的白彩上散布有红斑块，直立于长方形托板之上。

戴风帽骑马击鼓俑

通高31厘米，马长25.6厘米

—

Drum Player on Horseback Wearing a Hood

H. 31 cm; L. of Horse: 25.6 cm

男俑头戴橘红色风帽，风帽高耸、顶略前倾，下缘垂于肩背部。马鞍右侧的前端有一圆孔，原当置鼓。右手举起，与胸同齐，左手落下，双手紧握，手中原当持有鼓杖。彩绘已基本脱落。

戴风帽单手吹乐俑

通高30.5厘米，马长25厘米

—

Wind Instrument Player Wearing a Hood

H. 30.5 cm; L. of Horse: 25 cm

男俑头戴橘红色风帽，身穿橘红色阔袖袍。右手空握，举于嘴前作吹奏状；左臂屈于腰侧，手紧握，作拉缰控马状；身体向左倾斜。马身棕黄色，直立于长方形托板之上。

戴风帽骑马仪仗俑

通高28.3厘米，马长23厘米

—

Guard of Honor on Horseback

H. 28.3 cm; L. of Horse: 23 cm

男俑头戴橘红色风帽，身穿橘红色圆
领阔袖袍。左手前伸，右臂残，作拉缰状。
马身棕红色，直立于长方形托板之上。

戴风帽骑马仪仗俑

通高30.4厘米，马长25厘米

—

Guard of Honor on Horseback

H. 30.4 cm; L. of Horse: 25 cm

男俑头戴风帽，身穿圆领阔袖袍。双手紧握，作提缰状。马身棕红色，颈及臀部的白彩上散布有红斑块，直立于长方形托板之上。

戴风帽骑马仪仗俑

通高30.4厘米，马长25厘米

—

Guard of Honor on Horseback

H. 30.4 cm; L. of Horse: 25 cm

男俑头戴风帽，身穿圆领阔袖袍。双手紧握，作提缰状。马身直立于长方形托板之上。彩绘基本已脱落。

戴风帽骑马仪仗俑

通高29厘米，马长24厘米

—

Guard of Honor on Horseback

H. 29 cm; L. of Horse: 24 cm

男俑头戴橘红色风帽，身穿橘红色圆领阔袖袍。双手前伸，长袖飘垂于身后，露出手臂，右手略高，左手略低，作拉缰状。马身棕红色，直立于长方形托板之上。

戴笼冠双手吹乐俑

通高29.6厘米，马残长22厘米

—

Wind Instrument Player Performing with Both Hands

H. 29.6 cm; L. of Horse Remains: 22 cm

男俑头戴黑色笼冠，身穿交领阔袖袍。双手半握，右手在上，左手在下，置于胸前，作持物吹奏状。马身棕黄色，直立于长方形托板之上。

戴笼冠骑马吹排箫俑

通高30.8厘米，马长23.2厘米

——

Pan Pipe Player on Horseback
H. 30.8 cm; L. of Horse: 23.2 cm

男俑头戴黑色笼冠，身穿橘红色圆领阔袖袍。双手持排箫作吹奏状。排箫为棕黄色，由9根竹管组成。此俑浓眉大眼，八字胡，神态自若。马身直立于一长方形托板上，彩绘已脱落。

戴笼冠骑马击鼓俑

通高30厘米，马长24厘米

——

Drum Player on Horseback
H. 30 cm; L. of Horse: 24 cm

男俑头戴黑色笼冠，身穿橘红色阔袖袍，脚蹬高勒靴。双手空握向前举起作敲击状，疑手中原持鼓杖。马鞍前端有一圆孔，可能安置有鼓，直立于长方形托板之上。

戴笼冠单手吹乐俑

通高30.5厘米，马长24.6厘米

——

Wind Instrument Player

H. 30.5 cm; L. of Horse: 24.6 cm

男俑头戴黑色笼冠。身穿橘红色阔袖袍。右手空握，举于嘴前作吹奏状，左臂已残。马身棕黄色，鼻、额、尾及颈上鬃毛涂白彩，直立于长方形托板之上。

戴笼冠单手吹乐俑

通高30.5厘米，马长22厘米

——

Wind Instrument Player

H. 30.5 cm; L. of Horse: 22 cm

男俑头戴黑色笼冠，身穿橘红色阔袖袍。右手空握，举于嘴前作吹奏状；左臂屈于腰侧，手紧握，作拉缰控马状。马身棕黄色，颈、背和臀部的白彩上散布有红斑块，直立于长方形托板之上。

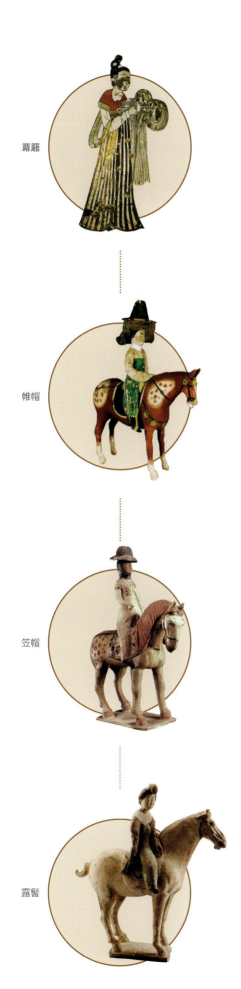

幂䍥

帷帽

笠帽

露髻

二　靓装出行　Outing In Stylish Attire

『三日日天气新，长安水边多丽人』。唐代贵族女性喜爱骑马出行，唐初女性骑马出行时多着幂䍥，包裹全身。盛唐时期，女性出行时不再遮掩，可『露髻驰骋』。唐高宗永徽以后，开始穿戴仅遮蔽头部及面部的帷帽，民间因之，相习成风。至玄宗开元年间，宫人骑马者即靓妆露面，无复遮蔽。金乡县主墓出土的骑马出行俑正是当时贵妇们『露髻驰骋』的社会风尚的真实反映。

骑马出行俑

唐代上至帝王下到百姓均喜爱出游。皇帝每年都要按季节带着后妃、臣僚等出行，春幸梨园并渭水袚除，夏宴蒲萄园，秋登慈恩浮图，冬上骊山浴汤池。当时节假日繁多，每逢时节，民间百姓亦四处游赏，这其中不乏女性身影，她们衣着华丽绚烂，骑马驰骋，追逐嬉戏，为长安城的郊游活动增添了一抹绚丽的色彩。

骑马出行女俑

通高35.6厘米，马长33厘米

—

Outing Woman on Horseback

H. 35.6 cm; L. of Horse: 33 cm

　　女俑上着白色圆领窄袖襦衫，下穿橘红色缀白花长裙，裙高过胸，肩有帔帛，绿色肩带束扎于腋下，左手半举置于胸前，右手自然下垂，双手皆隐于袖内。前额饰花钿，头微右倾，朱唇轻抿，两鬓发髻宽松阔大，垂于耳际，头顶结单髻垂于前额。足穿小头黑履，骑坐白马上。马鞍黑色，鞯为浅蓝色宽缘以黑彩勾出外边线，中部白地上饰红彩勾边由浅蓝、黑诸彩绘成的大团花。马身直立于长方形托板之上。

骑马出行女俑

通高35.8厘米，马长33厘米

—

Outing Woman on Horseback

H. 35.8 cm; L. of Horse: 33 cm

女俑上着褐色窄袖襦衫，下着绿色长裙，均缀以白色小团花。肩搭白色帔帛，右臂前伸置腹前，左臂下垂，手隐于长袖内。马身白色，鼻梁和颈下施橘红彩，鞍为黑色，鞯为浅蓝色宽缘，以黑彩勾出外边线，中部粉红地上饰红彩勾边由浅绿、黑、淡蓝诸彩绘成的大团花。直立于长方形托板之上。

骑马出行女俑

通高35厘米，马残长30.4厘米

—

Outing Woman on Horseback

H. 35 cm; L. of Horse Remains: 30.4 cm

女俑上着窄袖襦衫，内着半臂；下着白色长裙，其上饰莲瓣纹。肩披长帛垂于身后。右手作牵缰状，左手自然下垂搭于腿上骑坐马上。白马身体前倾，鞍为黑色，鞯为宽白边，中部红褐地上饰红彩勾边的白色小团花。直立于长方形托板之上。

骑马出行女俑

通高36.4厘米，马长31.8厘米

—

Outing Woman on Horseback
H. 36.4 cm; L. of Horse: 31.8 cm

女俑上着绿色窄袖襦衫，下着橘红色长裙，其上花纹脱落不清。帔帛从背部绕过，斜披肩上，相互交叉垂于胸前。左手紧握作控缰状，右手下垂搭于腿上。马身棕黄色，鬃毛及马尾涂白彩，颈部及后背残留有白色圆斑纹。黑色鞍，鞯为宽白边，以黑彩勾出外边线，中部橘红地上饰白色小团花。直立于长方形托板之上。

三　胡乐新声　Music from the West

唐代是我国古代乐舞艺术发展的繁盛时期。国都长安作为全国政治和文化的中心，乐舞活动十分兴盛。无论是宫廷燕乐还是民间乐舞，亦或是歌曲、舞蹈、演奏乐器，都深受西域乐舞艺术的影响，呈现出崭新的面貌。这种影响既有完整保留原有民族风格的直接引进，也有在引进吸收西域乐舞艺术基础上的融合创新。

伎乐

唐代三品以上的官僚、皇室贵戚可以有女乐一部，这些女乐来自于宫廷的太常寺、教坊等音乐机构。

胡风胡乐

腰鼓、篦篌、琵琶、筚篥、铙等西域传入的胡乐器，开元时期，长安胡风大盛，随着胡舞胡乐的流行胡乐器也广为传播。这五位骑马伎乐部分头戴胡帽，着胡服，全体持胡乐，正如诗人所云『女为胡妇学胡装，伎进胡音务胡乐』。

伎乐图（唐李寿墓石椁线刻画）

骑马伎乐俑

金乡县主墓出土的五件伎乐女骑俑均着男装，分持腰鼓、琵琶、筚篥、铜钹和筚篥等西域传入的胡乐器骑于马上做演奏状，在西安地区已发掘唐俑中极为罕见。精美的制作工艺，整齐华丽的服饰，形象地展现了正值妙龄的贵族官僚私家女乐手执乐器追随着侍卫仪仗，簇拥着尊贵主人骑马出行的场景。

骑马击腰鼓女俑

通高37.5厘米，马长32.8厘米

—

Woman Waist Drum Player on Horseback

H. 37.5 cm; L. of Horse: 32.8 cm

　　女俑头戴华丽的孔雀冠，冠上的孔雀翘首远眺，羽毛由天蓝、浅绿及红、黑诸彩绘成，颈下绒毛为白色，长而宽大的尾羽飘垂于肩背部。身着男装，穿圆领窄袖粉白底长袍，袍衫的前胸、后背、双肩及双腿上各饰一朵黑线勾边的白中泛红的圆形大莲花，脚穿黑色高勒尖头靴，端坐于马背部，双手伸开、作拍击腰鼓状，腰鼓置于马鞍的前端，鼓身为红色，鼓面为白色。白马直立于一长方形托板上，马鞍为黑色，鞯为蓝色宽边，中部褐红底散缀着四瓣小花。

骑马弹琵琶女俑

通高36厘米，马长33厘米

—

Woman Lute *Pipa* Player on Horseback
H. 36 cm; L. of Horse: 33 cm

女俑头顶梳单髻，垂于额前，额上有花钿饰，左右两侧各挽一鬟。外穿白色窄袖缺袴袍，内着半臂，脚蹬黑色高勒尖头靴，骑于马上，横抱四弦琵琶于怀中，头微左倾，左手按弦，右手持拨子凝神演奏。马身枣红色，前额及鼻子为白色，黑色鞍，鞯为宽白边，外缘涂浅蓝彩，中部红褐地上散缀着四瓣花，昂首直立于长方形托板之上。

骑马弹箜篌女俑

通高36厘米，马长33厘米

—

Woman Harp *Konghou* Player on Horseback

H. 36 cm; L. of Horse: 33 cm

女俑头戴黑色幞头，头略左侧。身着孔雀蓝圆领窄袖缺胯袍，下端露出橘红色长裤。腰系黑色蹀躞带，身后左侧挂一鞶囊，带上还垂有八根皮条。脚穿黑色高勒尖头靴，怀抱竖箜篌，骑于马上。箜篌弦已不存，现存的曲木音箱和角柱上涂黄褐彩，并饰有黑色卷草纹。马身橘红色，前额及鼻子呈白色，黑色鞍，鞯为宽白边，外缘涂浅蓝彩，中部褐色地上散缀着红彩勾边由白、浅蓝诸彩绘成的桃形三瓣花。直立于长方形托板之上。

骑马敲钹女俑

通高37厘米，马长32厘米

—

Woman Cymbal Player on Horseback

H. 37 cm; L. of Horse: 32 cm

　　女俑头戴黑色幞头，额上有一花
钿饰。身穿圆领窄袖缺胯袍，袍衫
上的彩绘大多已脱落，残存斑斑橘红
彩。足穿高靿尖头靴，骑于马上。双
手持一对铜钹，右手在上、左手在下
作敲击状。马身黄褐色，黑色鞍，鞯
为宽白边，中部橘红色地上饰一朵红
彩勾边由白、粉红、浅蓝诸彩绘成的
大团花，直立于长方形托板之上。

骑马吹筚篥女俑

通高36厘米，马长33厘米

—

Woman Wind Instrument *Bili* Player on Horseback

H. 36 cm; L. of Horse: 33 cm

女俑头戴翻檐胡帽，帽沿饰有红彩勾边的白花。身着圆领窄袖缺袴袍，脚蹬黑色高勒尖头靴，骑于马上。双手持筚篥向左前方略倾，作吹奏状。马身粉白色，黑色鞍，鞯为宽白边，中部褐红地上散缀着红彩勾边由白、浅蓝诸彩绘成的盛开的四瓣小白花，昂首直立于长方形托板之上。

踏歌

踏歌在唐代十分流行，在乡村、城镇，甚至在宫廷组织的节日庆祝活动中，「踏歌」都是人们极为喜爱的自娱舞蹈。唐代诗人顾况《听山鹧鸪》中有云：「夜宿桃花村，踏歌接天晓。」唐代曾多次由宫廷组织皇帝「与民同乐」、共度元宵佳节的盛大活动，「踏歌」场面壮观奢华，令人惊叹。金乡县主墓出土三件舞蹈俑，据专家考证，这批舞蹈俑有可能反映的是唐代踏歌的场景。

张议潮出行图乐舞局部（莫高窟156窟壁画）

头戴幞头舞蹈俑

高19—20.5厘米

—

Dancing Figure Wearing a Turbans

H. 19–20.5 cm

　　头戴黑色幞头，两角巾反绾脑后。身穿圆领窄袖缺胯袍，袍长至膝，彩绘多已脱落。腰束黑色革带。脚蹬高勒靴，双腿叉开，立于一椭圆形托板上。左手握拳高举，右手叉腰，手笼于长袖内，身躯后仰，头向右下方拧转，两脚前后开立，立于椭圆形托板之上。

头戴幞头舞蹈俑

高19—20.5厘米

—

Dancing Figures Wearing Turbans

H. 19–20.5 cm

　　头带黑色幞头，两角巾反绾脑后，身着圆领窄袖缺胯袍，袍长至膝，彩绘大多脱落。右手握拳高举，左手叉腰，头向右上方拧转，腰系黑色革带，脚蹬高靿靴，双腿叉开，侧身立于椭圆形托板之上。

四 旌旗猎猎 Game Hunting

狩猎活动是唐代统治阶级军备训练与休闲享乐的重要方式。《唐会要》中载，唐太宗李世民曾说：「大丈夫在世，乐事有三：天下太平，家给人足，一乐也；草浅兽肥，以礼畋狩，弓不虚发，箭不妄中，二乐也；六合大同，万方咸庆，张乐高宴，上下欢洽，三乐也。」

金乡县主的父亲滕王李元婴也好狩猎，正是这种好猎之风，使得以狩猎场景或形象为主题的绘画、诗词、雕塑作品层出不穷。

风劲角弓鸣，将军猎渭城。草枯鹰眼疾，雪尽马蹄轻。忽过新丰市，还归细柳营。回看射雕处，千里暮云平。

——王维《观猎》

猎豹的使用只限于宫廷，使用的时间也非常短暂。因此极少见于出土文物中。金乡县主墓中出土携带猎豹的狩猎俑极为珍贵。而唐代鹰猎活动无论在宫廷贵族间，还是在民间百姓中均十分兴盛，「臂鹞架鹰」风行一时。

狩猎出行图（唐章怀太子墓壁画）

架鹰驯鹞图（唐懿德太子墓壁画）

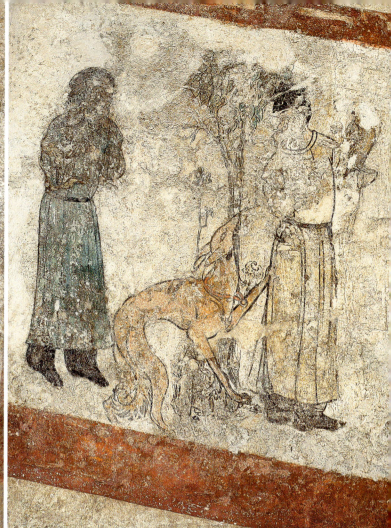

架鹰驯犬图（唐懿德太子墓壁画）

驯豹图（唐懿德太子墓壁画）

骑马狩猎俑

金乡县主墓中出土的这组狩猎俑表现的是正在出猎的情形，他们连骑缓辔，停马驻足，似乎是在等待主人的指令。从狩猎人只是架鹰携鹞、带猞猁、载猎豹，而未携弓、提弩、持刀来看，他们都是些随从主人狩猎的扈从，属于陪侍主人类奴仆，而且各有分工，各司其职，集中表现了狩猎的典型场面。

抱犬狩猎胡俑

通高35.5厘米，马长33.5厘米

———

Hunter of Hu People with a Hound

H. 35.5 cm; L. of Horse: 33.5 cm

    胡俑头戴黑色幞头，身穿黑面绿里的翻领窄袖胡服，袒左胸及左臂，左侧衣袖飘垂身后。脚蹬白色高靿靴，骑于马上。胡人面向左转、张口露齿，左拳紧握，怀抱白色猎犬，猎犬紧贴胸腹，竖耳抬头。马昂首直立于长方形托板上。马身枣红色，鼻梁、额头、束尾涂白彩，背为白色，其上有褐色斑块。黑色鞍，鞯为宽白边并绘有细密的黑线纹，当表示动物皮毛，中部橘红色地上散缀着黑色圆圈纹，当为金钱豹的斑纹，此种鞯应为豹皮鞯。

抱犬狩猎胡俑

通高30.3厘米，马长24厘米

—

Foreign Hunter with a Hound

H. 30.3 cm; L. of Horse: 24 cm

胡俑头戴黑色幞头，身穿圆领窄袖袍，脚蹬高靿靴。左手紧握举于肩上，右臂捋袖，怀抱白色猎犬，猎犬前腿置于胡人左腿上，双耳竖起。马身棕黄色，鼻梁、额头、颈上鬃毛及马尾涂白彩，彩绘脱落，直立于长方形托板之上。

架鹰狩猎胡俑

高37.5厘米，马长33.5厘米

—

Hunter of Hu People with a Falcon

H. 37.5 cm; L. of Horse: 33.5 cm

　　胡俑头戴黑色幞头，两角巾长垂肩背。身穿橘红色圆领窄袖袍，彩绘多已脱落，脚蹬黑色高勒靴。身体向右后倾，左臂下垂，右手架鹰高举过头，骑于马上。鹰圆睁双目，注视前方。白马黑色鞍，鞯为黄褐地上散缀黑色圆圈纹的豹皮鞯，昂首直立于一长方形托板之上。

架鹰狩猎胡俑

通高34.8厘米，马长32.4厘米

—

Foreign Hunter with a Falcon
H. 34.8 cm; L. of Horse: 32.4 cm

胡俑头发左右分梳，横挽脑后。身穿白色圆领窄袖缺胯袍，腰系黑色革带，脚蹬黑靴，骑于马上。左手置胸前，似控缰，手隐于袖内，右臂稍举，手托苍鹰。马身枣红色，背为白色，其上散布褐色斑块。黑色鞍，鞯为黄褐地上散缀黑色圆圈纹的豹皮鞯。

带豹狩猎胡俑

通高35.5厘米，马长34厘米

—

Foreign Hunter with a Leopard

H. 35.5 cm; L. of Horse: 34 cm

胡俑头戴黑色幞头，身穿橘红色圆领窄袖袍，彩绘多已脱落，脚蹬黑色高靿靴。左手前伸，作控缰状，右手后甩，似在策马。身后置一猎豹，猎豹伏在圆垫上，双耳竖起，双目圆睁，前腿趴伏，后腿半弓。猎豹的脖颈上戴有黑色项圈，黄色毛上散布有黑色金钱斑，当为金钱豹。白马黑色鞍，豹皮鞯，直立于一长方形托板之上。

带猞猁狩猎女俑

通高35.4厘米、长33.2厘米

—

Woman Hunter with a Lynx

H. 35.4 cm; L. 33.2 cm

　　女俑头梳双垂髻，身穿白色圆领窄袖缺胯袍，腰系褡裢，脚蹬黑色高勒靴。身微右转，注视右前方，紧握右拳，左手前伸作控缰状。身后置一猞猁，猞猁蹲伏在红色圆垫上，竖耳瞪眼，前腿直立，后腿屈蹲。猞猁背部的彩绘已脱落。马身枣红色，背有白地红褐彩斑块，黑色鞍，豹皮鞯，直立于一长方形托板之上。

金乡县主出生于高宗永徽二年（651），家门显贵，秀外慧中，"言笑有则，德行可观。窈窕生兰麝之香，敷愉挺绮罗之艳"。高宗咸亨二年（671），20岁的她嫁给了北周开国功臣燕国公于谨的五代孙于隐，婚后共同生活的十八年中于隐先后任职嘉州司仓参军事、蜀州司法参军事，永昌元年（689）于隐病逝，终年49岁。玄宗开元十年（722），71岁的县主去世，依照唐代礼制，与丈夫于隐合葬。他们二人是在国运最昌盛、经济最繁荣的开元年间合葬的，按照金乡县主二品命妇的规制礼仪，随葬品极为丰厚。唐代盛行厚葬之风，希冀人死后进入另一个世界继续享受奢华的生活，其随葬品是县主生前繁华生活的真实写照，是盛唐时期"东园秘器"的代表作品，也为今天的考古工作者提供了可与历史文献相佐证的弥足珍贵的实物见证。

　　在等级因素的影响下，金乡县主用了丈夫于隐去世时修建的单室土洞墓，而于隐最后和妻子一起享用了县主等级的随葬品。相差三十多年先后下葬的两人最终实现了"生同衾，死同穴"的愿望，义谐琴瑟。

The County Princess, with a noble family background, "a beautiful appearance and extraordinary intelligence" also married well. In 671, at the age of 20, she married Yu Yin, the fifth-generation grandson of the founder of the Northern Zhou Dynasty. During the 18 years of marriage, Yu Yin successively served as military and judicial officers. Unfortunately, in 689, he died of illness at the age of 49. 33 years later in 722 at the age of 71, the Princess passed away. She was buried in the same tomb with her husband according to the ritual codes with extravagant burial objects that matches her distinguished status as the second grade royal lady. Such a rich collection of burial items were to continue to serve her in her afterlife as it was believed at that time. Luckily, these burial objects provide today's archaeologists with precious materials for the study of this period of time in history.

The Princess passed away over 30 years later after her husband died and was put beside his remains in the same underground tomb chamber. Rich burial objects and a stone outer coffin were granted for the Princess and were jointly enjoyed by the loving couple.

和鸣于飞

驮鹿狩猎僮俑

通高34.7厘米，马长32.8厘米

—

Child Servant Hunter with a Deer

H. 34.7 cm; L. of Horse: 32.8 cm

　　僮俑头梳双垂髻，身穿圆领窄袖袍，内穿半臂，腰系裙裤，脚蹬黑色高靿靴。双手紧握于腹前作控缰状。身后横驮一只猎获的鹿。马张口竖耳，颈部鬃毛披散而下，黑色鞍，豹皮鞯，直立于长方形托板之上。

策马狩猎胡俑

通高29.2厘米，马长22.2厘米

—

Foreign Hunter on Galloping Horse

H. 29.2 cm; L. of Horse: 22.2 cm

　　胡俑头戴黑色幞头，身穿白色圆领窄袖袍，腰束黑色革带，脚蹬黑色高勒靴，紧踩马镫。身体略向右前方倾斜，双手平置于胸前，似作抓缰勒马状。马身枣红色，鼻梁至额上涂白彩，黑色鞍，豹皮鞯，直立于一长方形托板之上。

百戏是我国古代由民间音乐、技艺发展而成的多种艺术和娱乐表演品种的泛称。唐代百戏即散乐，主要由杂技、歌舞戏、优戏等组成，大致包括角抵、竿技、球技、马戏、参军戏、幻戏等，比之汉代种类更丰富，表演技艺更高超。金乡县主墓出土了十二件不同内容的百戏杂技俑，主要有戴竿俑、倒立俑、相扑俑、袒腹幻术俑以及参军戏俑。

戴竿

戴竿杂技最早见于春秋时期，唐代的竿技超越前代，位居百戏之首，教坊中将竿技列为重点项目，名家辈出。唐代诗词歌赋中对『戴竿』盛况屡有咏及，如王邕的《长竿赋》《勤政楼花竿赋》，柳曾的《险竿行》，梁涉的《长竿赋》，王建的《寻橦歌》，金厚载的《都卢寻橦歌》，张楚金的《透橦童儿赋》等，均有精彩描述。

人间百戏皆可学，寻橦不比诸馀乐。重梳短鬓下金钿，红帽青巾各一边。
身轻足捷胜男子，绕竿四面争先缘。习多倚附敧竿滑，上下蹁跹皆著袜。
翻身垂颈欲落地，却住把腰初似歇。大竿百夫擎不起，袅袅半在青云里。
纤腰女儿不动容，戴行直舞一曲终。回头但觉人眼见，矜难恐畏天无风。
险中更险何曾失，山鼠悬头猿挂膝。小垂一手当舞盘，斜惨双蛾看落日。
斯须改变曲解新，贵欲欢他平地人。散时满面生颜色，行步依前无气力。

——王建《寻橦歌》

宛陵女儿擘飞手，长竿横空上下走。已能轻险若平地，岂肯身为一家妇。
宛陵将士天下雄，一下定却长稍弓。翻身挂影恣腾蹋，反绾头髻盘旋风。
盘旋风，撇飞鸟；惊猿绕，树枝裹。头上打鼓不闻时，手蹉脚跌蜘蛛丝。
忽雷掣断流星尾，矐睒划破蚩尤旗。若不随仙作仙女，即应嫁贼生贼儿。
中丞方略通变化，外户不扃从女嫁。

——顾况《险竿歌》

戴竿表演（莫高窟156窟壁画）　　　　　戴竿表演（莫高窟85窟壁画）

参军戏

参军戏渊源于秦汉的优戏，是流行于唐宋时期的一种艺术表演形式。其角色有二，一为参军，一为苍鹘。参军是唐代官僚体系中的小官，演员服绿、白、黄者，在表演中除了表示官员品级较低外，还表示他们或为贪官之意。参军戏是俳优以插科打诨的方式进行的滑稽调笑表演，演员有各自的角色分工，两人一问一答，你来我往，对话诙谐，动作滑稽。唐代参军戏是中国戏剧走向成熟的重要标志。

唐代参军戏俑（中国国家博物馆藏）

唐代参军戏俑（甘肃庆城唐游击将军穆泰墓出土）

唐代白描相扑图（敦煌藏经洞出土）

相扑

相扑是我国古代一项传统的体育项目。在唐代，相扑又被称为『角抵』、『角觝』、『角力』，是唐代极为流行的运动项目之一。相扑运动在唐代文献与绘画中均有记载，由于其具有很强的竞技性、对抗性，也成为唐代军事训练和选拔人才的重要手段。

三彩胡人袒腹俑（唐永泰公主墓出土）

胡人袒腹俑（甘肃庆阳市庆城县出土）

袒腹胡人幻术

历年考古发现的唐代胡人袒腹俑，形象粗犷怪异，姿态独特，其艺术造型一直令人迷惑不解。最新研究成果表明他们是故意挺肚袒腹露胸表演幻术的外来艺人，也是西域胡人标识性的『胡俗』文化符号。袒腹胡人均穿袍服，手势造型独特，实际是幻术中的手彩戏法，眼神、表情配合着千奇百怪的魔术，属于不受场所限制的即席献艺，有着大众喜闻乐见的表演艺术特征。

戴竿杂技俑
高5.3—7厘米

—

Pole Climbing Acrobats
H. 5.3–7 cm

　　共七件。其中三件上穿红色衣，下穿紧身裤，双腿开立，腹部有孔或头顶残存铁柄。身体硕壮，稳健壮实，当为下面顶竿者。另四件头部、肩部和臀部或残存铁柄，或有孔，身体轻盈灵巧，似童子，当为竿上的空中表演者。

独臂倒立杂技童俑
高4.9厘米

—

Child Acrobat Performing Handstand
H. 4.9 cm

头梳双垂髻，髻已残。额上勒短巾，身穿橘红色紧身衣裤，彩绘仅余斑痕。右臂直伸以手掌撑地，独臂倒立而起。双腿在空中交叉前伸，弓腰抬头，姿态矫健。从白衣痕迹看，此俑原无左臂，属独臂残疾人。

双垂髻跽坐说唱女俑
高5厘米

—

Woman Talking-Singing Performer
H. 5 cm

头梳双垂髻，身穿白色圆领窄袖袍，腰束黑色带，双膝着地，腰身挺直，似在说唱。右手伸出，置于胸前，左臂已残。头微侧。

戴幞头参军戏俑
高6.4厘米

—

Comic Dialogue Performer
H. 6.4 cm

　　头戴黑色幞头，留有长髯，身穿白色圆领窄袖袍，腰束黑色革带，脚蹬黑色高靿靴。缩颈歪头，右手握拳伸出，左手已残，双腿自然开立，当为仓鹘。

戴幞头参军戏俑
高6.4厘米

—

Comic Dialogue Performer
H. 6.4 cm

　　头戴黑色幞头，身穿白色圆领窄袖袍，腰束黑色革带，脚蹬黑色高靿靴。脸偏向右，表情滑稽。此俑作汉人形象，假扮的是唐代的低级官吏，当为参军。

双垂髻坐地童俑

高2.5厘米

—

Sitting Child with Side Hair Buns

H. 2.5 cm

　　头梳双垂髻，穿紧身衣裤，上为绿衫，下为红裤。双腿向前直伸，平坐于地。双臂置于膝，似尽量向双脚靠拢。身体略前倾，回眸而视。

戴幞头坐地小憩俑

通高3.6厘米

—

Napping Figure Wearing a Turban

H. 3.6 cm

　　头戴黑色幞头，两角巾长垂背后，身穿圆领窄袖袍，腰束革带。此俑抱膝席地而坐，作埋头小憩状。

戴幞头角抵相扑俑

高4.7厘米

—

Sumo Wrestler Wearing a Turban

H. 4.7 cm

　　头戴黑色幞头，上身赤裸，下身穿三角短裤。左腿抬起，右腿半蹲以脚尖着地。右手向后摆，左臂已残。

胡人祖腹俑

通高40.5厘米

——

Bare-Chest Foreign Figure

H. 40.5 cm

秃头顶，鬓发，络缌胡须，脑后卷发略长，身穿翻毛长袍，领口与袖口均露出皮毛。头顶及裸的胸腹部施褐红彩，后脑的卷发、眉须及翻露的皮毛皆涂黑彩，唇点朱红。祖胸露腹，腰系褡裢，双袖捋起，双臂作拉缰牵索状，足蹬高靴，直立于一中间有孔的马蹄形托板上。

六　生活器皿　Daily Utensils

金乡县主墓出土了部分仿生活器皿的随葬品，体现了古人『事死如事生』的丧葬观念。三彩器皿体现了女主人金乡县主显赫的身份与奢华的生活。蚌壳是贵族妇女用来盛放化妆品的粉盒。在蚌壳的基础上，还衍生出了华丽的蚌形器，多用金银制成，纹饰华美。

杯盘饮具

持盘侍女图（唐薛儆墓石椁线刻画）

鸳鸯衔绶纹鎏金錾花银蚌壳（唐韦美美墓出土）

三彩盘

口径24.6厘米，底径13.6厘米，高4厘米

—

Tricolored Plate

Rim D. 24.6 cm; Base D.13.6 cm; H. 4 cm

盘呈圆形。直口微内敛，尖唇，浅腹，圆饼状足，内底略凹。白胎微泛红，质较坚硬。口内外壁均施黄、绿、白三色釉，釉色莹润。盘内及外底皆不施釉。

三彩盅

口径5.5厘米，底径2.4厘米，高3.3厘米

—

Tricolored Cup

Rim D. 5.5 cm; Base D.2.4 cm; H. 3.3 cm

盅为侈口，圆唇，口沿略外卷，深腹微鼓，平底。白胎微泛红，质较坚硬。盅内壁施黄、绿、白三色釉，釉色莹润。外壁及外底皆不施釉。

陶灯盏

红陶灯盏口径10厘米，底径3.6厘米，高3厘米

—

Pottery Oil Lamps

(Red Ones) Rim D. 10 cm; Base D.3.6 cm;
H. 3 cm

共三件。一件为灰陶，其余两件为红陶。形制、大小均相同。大口微内敛，浅腹，小平底。

蚌壳

长8厘米，宽6.6厘米

—

Clamshells

L. 8 cm; W. 6.6 cm

共两件。为天然海蚌，其一稍残，其二由两个扇形壳相扣合而成，当为盛装化妆品的粉盒。

金乡县主墓志

志盖盖顶边长45厘米，盖底边长75厘米，盖厚
15.5厘米。志石边长75厘米，厚15.5厘米。

——

Epitaph of the Princess

Top Side L. 45 cm; Bottom Side L. 75 cm; Th. 15.5 cm; Side L. 75 cm; Th. 15.5 cm

　　一合。包括志盖和志石。志盖为盝顶式，盖顶内区分格阴刻篆文"唐故金乡县主墓
志铭"，斜刹部分以卷草纹为地，分别以细阴线刻出狮、虎、鹿和天马。志石方形，四
边以细阴线刻出流转盘曲的卷草纹，志石上以纵横细阴线划出方格，字刻于格中。铭文
为阴刻，楷书，竖排，共24行，满行23字，全文共有517字。

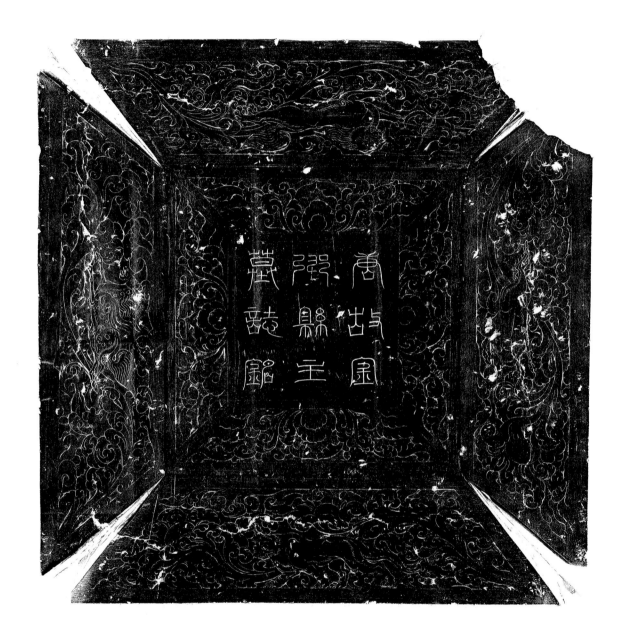

大唐故蜀州司法參軍于府君夫人金鄉縣王墓誌銘

王者建萬國親諸侯故寵撫藩邸宗社稷地承銀隍抱河漢之靈源門接絳霄傻雲雷之瑞業者其惟金鄉縣王乎我高祖景皇帝之曾孫滕王元嬰之第三女也夫人則德行可觀竊窕生禮樂之鑒著作君子出仕外臺和鳴鳳里之雅詠攸歸挺綺羅之盛享金飛龍第春秋七十有一嗚

呼哀哉十八月六日遘疾於京安業里第而終神女之沉魂暢漢水之夕禮之璧住儷之橋君子之橋禮容中花容朱榱瞰瞻紫氣蟾蜍之降嫁七夕

珠云仰儀之盛業者必記其父讚洪名者乃刊其石俾夫玲瓏窈窕...齡之表嘉猷其銘日

泉壤永閟絳河開紫葉地列絳河'皇宗帝廞王業金珂藩邸沈粹天授英猷神資洲美韻合宮攣綏逵迤星分婺女月降恒娥天年作媚以人配君子室家運禪山聲顏如桃李倩兮言行眄芳容止等牆蘭述職生涯進退可觀婉如組織徵若桝蘭若窀外窆收歸岩霧嚴嚴金河香眇歲月雕殘長魚咽隴同穸巋巋金覺銀海長有範德思瓊姿思

擥鳳屏敲曲丹飛靈宮兮雲霏

拖泉屏
　子駕姪武陽郡王繼宗書

金乡县主墓志志文

志盖：唐故金乡县主墓志志铭

志文：

大唐故蜀州司法参军于府君夫人金乡县主墓志志铭

王者建万国，亲诸侯，故宠极藩邸。地承银榜，挹河汉之灵源；门接绛霄，复云雷之瑞业者，其惟金乡县主乎！我高祖景皇帝之曾孙、神尧皇帝之孙、滕王元婴之第三女也。天桃秀蕊，禮李祥花，外包鸳鸯之奇，内清诗礼之范。言笑有则，德行可观。窈窕生兰麝之香，敷愉挺绮罗之艳。暨乎年渐二八，国重冠婚，摽梅之雅咏攸归，降嫁之盛礼爰著。作配君子，出仕外台，和鸣于飞，清音远畅。金商七夕，朱楼瞰鸟鹊之桥；王剑双飞，紫气郁蛟龙之匣。紫气郁蛟龙之匣，以开元十年八月廿六日薨于京安业里第，春秋七十有一。呜呼哀哉！花落中春，兰萎上月。巫山雨息，觉神女之沉魂；汉水珠亡，仰仙仪之不及。加以良人早丧，拱木成行，爰撰吉辰，遵乎古礼，以开元十二年正月十一日合葬于兒子陵，礼也。山云寡色，陇树凝阴。野旷而筼鼓喧声，林静而旌旗黯色。孤子前尚乘直长皎等。瑶柯挺粹，琪树联芳。痛百身之不赎，悼千龄之已远。夫谈盛业者，必记其文；赞洪名者，乃刊其石。俾夫泉壤，永表嘉猷。其铭曰：

天开紫禁，地列绛河。皇宗帝戚，王叶金柯。藩邸沉粹，鼇绶逶迤。星分婺女，月降恒娥。天授英哲，神资淑美。韵合宫商，颜如桃李。倩兮言行，盼兮容止。笄年作嫔，以配君子，室家有范，进退可观。婉如组织，郁若椒兰。外台述职，生涯运殚。山河杳眇，岁月摧残。长原启隧，同穴攸归。苦雾严严兮琼笳思，悲风飋飋兮丹旐飞。空山兮日落，孤陇分云霏。金凫银海，长掩泉扉。

子婿侄武阳郡王继宗书

金乡县主墓志盖四刹以卷草纹为地，刻画出狮、鹿、虎和天马四种瑞兽纹饰。其中，鹿纹比较特殊，所表现的为芝角鹿象形。

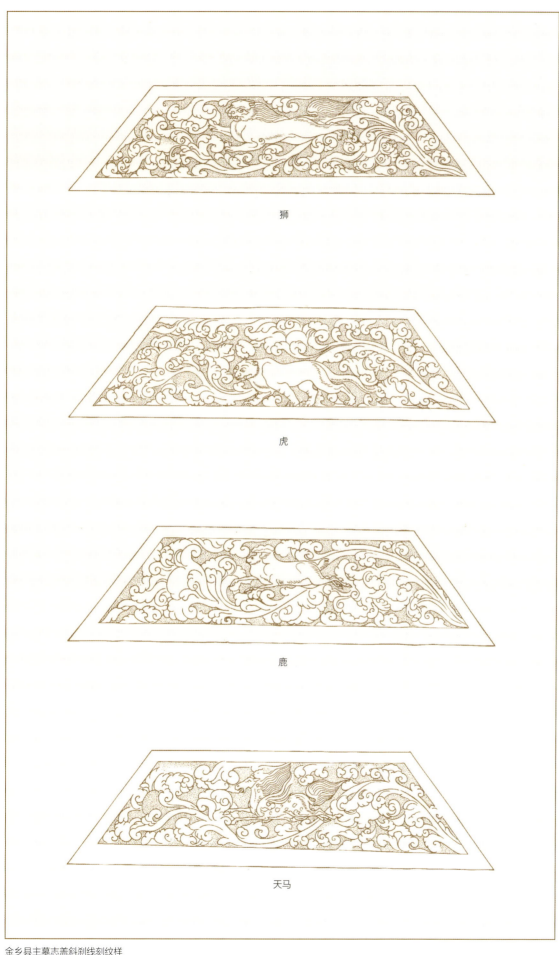

狮

虎

鹿

天马

金乡县主墓志盖斜刹线刻纹样

金乡县主墓志芝角鹿纹饰

芝角鹿，由于其单角像肉灵芝而得名。芝角鹿纹的兴起和流行，系模仿古代波斯的一种分叉形单角鹿纹图案而来，是中国工匠创造的一种别具风格的『中国化』鹿纹图案，是中西文化交流的产物。

鹿纹装饰（采自孙机：《关于一支'唐'镂牙尺》）
1.上海博物馆藏镂牙尺　2.正仓院藏银盘　3.俄罗斯爱米塔契藏粟特银盘
4.正仓院藏绿牙拨镂尺　5.河北宽池出土银盘　6.内蒙古喀喇沁旗出土银盘

于隐墓志

志盖盖顶边长45厘米，盖底边长58厘米，盖厚8厘米。
志石边长59.5厘米，厚12厘米。

—

Epitaph of Yu Yin, Husband of the Princess
Top Side L. 45 cm; Bottom Side L. 58 cm; Th. 8 cm
Side L. 59.5 cm; Th. 12 cm

一合。包括志盖和志石。志盖为盝顶式，盖顶中部分格
阴刻篆文"大周故朝散大夫于君墓志铭"，四刹及盖边用细
阴线刻出流畅自然的卷草纹。志石为方形，边长59.5厘米，
厚12厘米，四边以细阴线刻出卷草纹，其间缀花，志石上以
纵横细阴线画出方格，字刻于格中。铭文为阴刻、楷书、竖
排，共22行，满行30字，全文共有594字。

志盖：大周故朝散大夫于君墓志铭

志文（因漫漶不清而无法释读的字用『□』代替）：

大周朝散大夫行蜀州司法参军于君墓志铭并序

君讳隐，字希荣，河南洛阳人也。承相公平，叶龙光于炎室；将军武烈，御鹊起于

当涂。用能燮理阴阳，整权衡于百揆，折冲鳞俎，□□略于三门，莫不盛绩冠于

前英，余庆钟于后叶。曾祖象贤，周驸马都尉，随（隋）□□左领军将军、禽昌县开国公。祖

德基，随（隋）鹰击郎将。父素，唐太子舍人，趋襟兰陛，辅前耀而资英；侍

紵筇埠，託后车而标俊。公青田蕴质，腾逸气于九皋；丹山孕影，绚奇文于五色。

而公孙公子，人望人英，以咸享二年爰降

□□肃恭汤邑，尚金乡县主，礼也。其年四月，即授嘉州司仓参军事，又授蜀州

司法参军事。至永昌元年，累加朝散大夫，依旧任仁俾调梅鼎实，翼坤纽于

皇图；参棘台阶，赞乾纲于

帝历。岂谓妵呈飞鸟，贾兴赋而伤年；详遭赤猿，阮裁书而叹梦？其年闰九月廿

九日寝疾，卒于神都德懋里之私第，春秋卅九。惟君局量淹通，识度宏远，谦虚

家庆。懿隆卅俊，望重时英。千日禀质，防露疎贞。风清月湛，岳峙川明，姻通玉

穆矣温淑，猗欤德令！谢玉（又似『王』字）联彩，韦珠叠映。冲襟有绰，雅怀无竞。克诞国桢，式扬

年廿九日安措于雍州万年县见子原，礼也。乌呼哀哉！乃为铭曰：

都督参军事。携孤育幼，痛荆叶而摧心；荷德铭仁，切隶花而掩泗。即以天授元

唯见崩城之丧。长子肩，□□楹而擗地，想膝室而号天。弟进，宣议郎、行并州大

着于容色，礼节蕴于襟。县主芳轨，弘于任母，但闻空室之悲，雅操专于杞妻，

媛，学冠金篆，謇謇王臣，愕愕朝士，行祛三惑，道标五美。吐韵流音，含商激徵，

藻馥丹笔，绚蕤青史。中天寡睨，厚地无藏。云间坠陆，日下歼黄。贤人雾敛，郎

位日亡。芝枯西鄂，菊尽南阳。疎芜古邃，摇落新封。霜凝徙楔，风猎移松。盖阴

无鹤，剑影余龙。千秋万岁，夜永泉重。

现代字	则天新字	
年	秊	埊
月	囝	𠴕
臣		恵
地		埊
天授		而　稜

墓志书写者为武阳郡王李继宗，系金乡县主的堂侄和女婿。据两唐书记载，李继宗又名『堪』，祖父为高祖第二十子江安王李元祥，其父为广平郡公李炅。神龙以后，继宗承袭了伯父李皎（江安王长子）『武阳郡王』的封号。开元二十四年夏四月，朝廷实行归宗改封，李继宗被降为洋国公。

李继宗何人

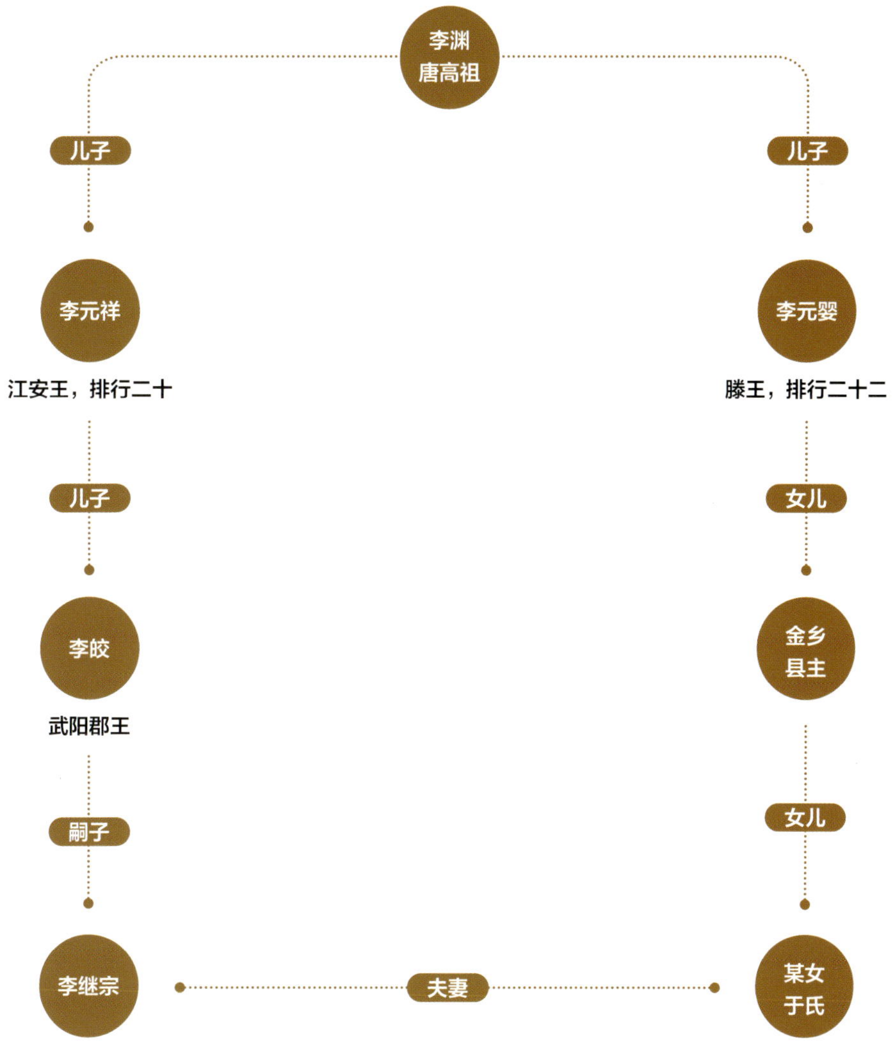

李渊
唐高祖
儿子
儿子
李元祥
江安王，排行二十
李元婴
滕王，排行二十二
儿子
女儿
李皎
武阳郡王
金乡
县主
嗣子
女儿
李继宗
夫妻
某女
于氏

金乡县主夫妇生平

	金乡县主	于隐
生年	永徽二年（651年）	贞观十四年（640年）
婚年	咸亨二年（671年）20岁	咸亨二年（671年）31岁
婚姻存续期	咸亨二年（671年）—永昌元年（689年）18年	先后任职嘉州司仓参军事、蜀州司法参军事
卒年	开元十年（722年）71岁	永昌元年（689年）49岁
夫妻年龄差	11岁	
夫妻卒年差	33年	
夫妻合葬时间	开元十二年（724年）夫妻合葬于见子陵	

红陶半身骑马女俑

残高12.4厘米

—

Red Pottery Woman Rider

H.12.4cm (Remaing Part)

　　这件半身骑马女俑体态苗条，面目清秀，表情呆板，发髻独特，是该墓彩绘陶俑中唯一的红陶胎，可见这件俑与其他俑并非同批次烧制。金乡县主下葬时撤去了随于隐下葬的陶俑，换上了级别更高的陶俑，这件陶俑是在撤换时不慎遗落在西龛的。

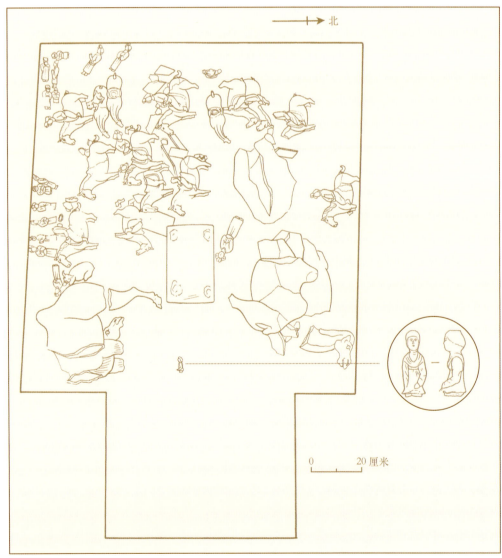

红陶半身骑马女俑所处西龛位置示意图

顶饰高缨天王俑

通高77厘米，座高9厘米

—

Heavenly King with Top Tassel

H.77cm; H. of Pedestal: 9 cm

　　天王俑站立状，右手叉腰，左臂半举作持物状，手已残。左腿踩一小鬼，立于椭圆形高底座上。天王头戴翻沿兜鍪，顶饰高缨，身着明光铠，颈部有项护，胸甲分左、右两部分，上面各有一凸起的圆护。肩覆披膊，两肩上各附一火焰纹宝珠。通体彩绘描金，部分脱落。

顶饰金翅鸟天王俑

通高74.4厘米，座高9厘米

Heavenly King with a Greenfinch Top

H.74.4cm; H of Pedestal: 9 cm

　　天王俑站立状，头向左转，目视左侧。左手叉腰，右手高举过肩，五指空握，原似持物。右腿稍抬，足蹬小鬼脸部，左腿直立踩于小鬼臀部。头戴兜鍪，不翻沿。两肩披膊为两层，外层作龙首状，龙头尖吻高翘，嘴大张，露出利齿，龙口中吐出内层呈橘红色的披膊。肩上亦有火焰宝珠。下襟与膝裙边刻出流苏，中垂鹖尾。通体彩绘描金，盔帽上彩绘团花，铠甲及战裙有彩绘团花及折枝花的残痕。

人面兽身镇墓兽

通高63厘米，座高10.8厘米

—

Tomb-Guardian Beast with a Human Face
H.63cm; H of Pedestal: 10.8 cm

　　人面，兽身，怒目圆睁，鼻翼扇起，大耳外张，头顶毛发上竖，前额有一独角，角的顶端分出两叉，斜冲前方。两肩竖毛高耸如展开的双翼，背部沿脊椎从上到下有三个鸡冠形刺角。蹄足，前腿直立，昂首挺胸，小尾上翘，蹲踞于略似桃形的薄托板上，其下再配一较高的山形台座。

　　通体彩绘，局部有描金痕迹。面施白彩，以细墨线描出眉、眼、鼻、须等细部。嘴、耳、刺角等施红彩，竖毛施黑、蓝、红、绿等彩，背为综黄彩，胸腹部的彩绘局部有脱落。

　　"镇墓兽"是中国古代墓穴中最为常见的奇兽，是古时人们为了除恶辟邪创造出来的神灵，具有守护墓主人魂灵和陪葬品的功能，通常面貌狰狞，外形奇异。

兽面兽身镇墓兽

通高58.5厘米，座高10厘米

—

Tomb-Guardian Beast

H.58.5cm; H of Pedestal: 10cm

　　兽面，兽身，圆眼鼓起，双耳上竖，头有两角，肩生双翼，全身毛发呈放射状竖起，左前爪抓蛇上举，蛇头昂扬，蛇身缠绕于前臂上。右前腿直立，后腿屈蹲于一椭圆形较高的山形台座上，台座两侧各有两孔。

　　蛇背用橘红彩绘出鳞纹，蛇腹部施白彩并以黑线描出横纹。通体彩绘，局部有描金痕迹。面施白彩，以细墨线描出眉、眼、鼻、须等细部。嘴、耳、刺角等施红彩，竖毛施黑、蓝、红、绿等彩，背为棕黄彩，胸腹部的彩绘局部有脱落。

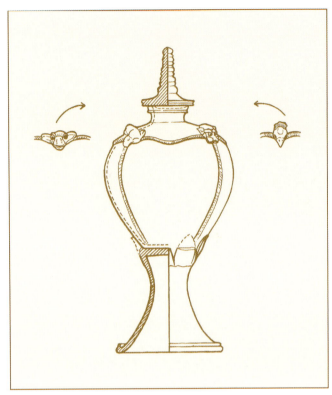

金乡县主墓塔式罐线图

「下颌托」属丧葬用品，其材质有金、银、锡、铜及棉、毛、绢等织物，环绕于人头部及下颌后，绾结于颅顶处，用以固定死者面部，以防变形。下颌托可能起源于古希腊，中国最早的下颌托实物出现于公元前十至前八世纪的新疆，北魏时期传入中原，唐代墓葬仍有出土。考古发现的下颌托零星分布于今新疆、宁夏、陕西、河南、湖北、湖南、江西等地，该器物在中国的流传与丝绸之路和中外文化交流密切相关。

塔式罐造型模拟佛教建筑中单层佛塔，罐盖高耸，其上有凸轮，形似佛塔的七重相轮，相当于塔刹；罐腹浑圆而挺拔，相当于塔身；底座上缘塑有仰莲，与佛塔的须弥座类似。塔式罐是受印度佛教文化影响而出现的一种器形，一般只在墓中随葬。

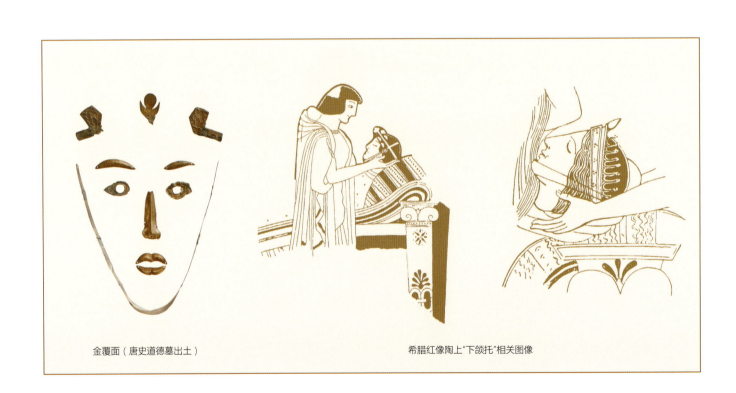

金覆面（唐史道德墓出土）　　　　　　希腊红像陶上"下颌托"相关图像

铜下颌托

残长8厘米，残宽4厘米

——

Bronze Mandible Bracket

H.Remains :8cm; W.Remains :4cm

已残为多片，有鎏金痕。

红陶塔式罐

通高63厘米。盖径11.1厘米，高12厘米。罐口径9厘米，腹径27.6厘米，底径12厘米，高29.4厘米。座的上端径12.6厘米，底径22.4厘米，高21.6厘米

—

Red Pottery Jar in Pagoda Shape

H. 63 cm. Lid: D. 11.1 cm; H. 12 cm. Jar Rim D. 9 cm; Belly D. 27.6 cm; Bottom D. 12cm; H. 29.4 cm. Pedestal: Top D. 12.6 cm; Bottom D. 22.4 cm; H. 21.6 cm

由盖、罐、座三部分组成。泥质红陶，橘红色胎，外施白彩。

盖为圆形。盖面微上鼓，中心竖起一根圆形塔状实心高纽。高纽由多圈盘旋而上的圆形凸棱组成，如同塔顶由小到大的层层相轮。

罐小口，圆唇，束颈，丰肩鼓腹，下腹瘦长内收，平底。肩部均匀贴塑四兽首。兽首间以弯曲的凸棱横向连成一圈，每个兽首下有一条较直的凸棱直通罐底，将罐腹部均匀地分成四瓣。凸棱用半圆形泥条贴塑，其上有较密的戳刺纹。

座为喇叭形，腰部细长，上端封实，周围塑有仰莲瓣，下端中空，状如圈足。

结语

Concluding Remarks

　　回顾这个展览，我们不仅看到了唐代的繁华，更嗅到"曾有西风半点香"的异域味道。"汉着胡帽、胡着汉帽"的唐代长安城已经习惯了一种世界性的生活方式。丝绸之路引进来的不只是胡商会集，宗教、艺术、胡服、胡乐、猎豹、峰牛等舶来品更引领了盛极一时的长安风尚，这是古今中外空前的大交流大融合，无所畏惧、无所顾忌地引进和吸取，无所束缚、无所留恋地创造和革新。金乡县主墓出土的色彩绚丽、造型生动、内容丰富的文物，映射出生逢盛世的唐代女性恰好遇上外来文化的大量涌入，幻化出"东风染得千红紫"的壮观景象。

　　世界文明的魅力在于多姿多彩，人类进步的要义在于互学互鉴。打破禁锢，突破传统，这就是产生"盛唐之音"的社会氛围和思想基础。千百年来，古丝绸之路见证了沿线国家在互通有无中实现发展繁荣，在取长补短中绽放灿烂的文明之花。

The most impressive of this exhibition might not only be the grandeur of the Tang but a highly integrated life of the east and west, a result of the prosperity brought by the Silk Road and the cultural influx. The unprecedented blend of the metropolitan life of the Chinese customs with the introduced world fashion is a striking feature of this time. What came to Chang'an were not only the caravan traders, religions, arts, exotic costumes, Hu music, leopard for hunting or zebu for farming, but a leading fashion of the world and a spirit of creation and innovation. This is the life of the Princess in a time of plenty and integration.

The charm of world civilization lies in its variety and the essence of human progress lies in mutual learning. The prosperity of the Tang comes from its breaking of the confinement and outdated tradition. The flower of the world civilization is blooming ever brightly with contributions from countries along the ancient Silk Road.

1991年西安唐金乡县主墓出土的骑马戴孔雀冠拍鼓女俑[1]，成为开元十二年（724年）盛世时代妇女首冠的标志，前朝后代都很少出现这种孔雀冠帽的形象，故人们称其为罕见的传奇文物（图一、图二）。但是，近年笔者又发现有新的类似唐代文物陆续面世，因而唐金乡县主墓的孔雀冠并不具有"唯一性"。那么为什么要用孔雀形象作为冠帽？其含义仅仅是孔雀形象鲜艳漂亮吗？究竟是什么人要戴孔雀冠？本文试做一专题分析。

一、孔雀冠的含义

房千里《南方异物志》记载唐人对孔雀观察的描述：

> 孔雀，交趾、雷、罗诸州甚多。生高山乔木之上。大如雁；高三四尺，不减于鹤。细颈隆背，头载三毛，长寸许。数十群飞，栖游冈陵，晨则鸣声相和，其声曰"都护"。雌者尾短，无金翠；雄者三年尾尚小，五年乃长二三尺。夏则脱毛，至春复生。自背至尾，有圆文，五色金翠，相绕如钱。自爱其尾，山栖必先择置尾之地。雨则尾重不能高飞，南人因往捕之，或暗伺其过，生断其尾，以为方物。若回顾，则金翠顿减矣。山人养其雌为媒，或探其卵，饲以猪肠生菜之属。闻人拍手歌舞则舞。其性妒，见采服者必啄之。

这篇短文讲述了孔雀的产地、形状、鸣叫声、群居生活、习性特点、雌雄区别等，虽然孔雀有炫耀自己羽毛的特性，但特别值得注意的是，孔雀有随着音乐起舞的癖性，"闻人拍手歌舞则舞"。

早在汉代时，中国人就传说孔雀来自遥远安息帝国的条枝。《太平御览》卷九二四引《晋书》说，3世纪初年，有一只西域贡献的孔雀，善"解人语，弹指应声起舞"。近年来新疆地区出土的许多汉晋时代的纺织品中[2]，就有非常精美艳丽的孔雀图案，有的孔雀翩翩起舞、与人戏嬉，有的孔雀左右对称、成双成对，有的孔雀扬尾开屏、惟妙惟肖，这些出自西域或中亚工匠之手的作品，不仅是人们喜欢

图一　金乡县主墓骑马伎乐女俑正面，西安东郊灞桥区新筑乡出土

图二　金乡县主墓骑马伎乐俑背面（局部）

附　录　**Appendix**

唐代孔雀冠与外来造型艺术

葛承雍

[1]《唐金乡县主墓彩绘陶俑》，陕西旅游出版社，1997年，第62—63页。
[2]感谢新疆文物考古研究所于志勇先生提供了多幅汉晋时代纺织品图片，其中三幅孔雀图案历历在目。

孔雀之类珍禽图案的表现，而且可能是中原汉人逐步了解孔雀来源的一条渠道。

随着佛教传入中原，汉义佛典中开始出现"孔雀冠"的记载。姚秦罽宾三藏佛陀耶舍等翻译的《四分律》说："时有孔雀冠婆罗门，至阿难所问讯已在一面坐……"[1]天台沙门释允堪述《四分律拾毗尼义钞辅要记》："孔雀即孔雀冠婆罗门也，问阿难汝世尊何故为诸比丘制增戒学……"[2]"孔雀冠"出现在佛经里，说明印度婆罗门出身的佛僧曾戴过这种冠幞。在1世纪中叶犍陀罗首都西尔卡普穹顶庙中就发现了戴孔雀冠的头像[3]。出产蓝孔雀非常有名的印度、斯里兰卡，一直通过佛教式贡品将孔雀、赤白鹦鹉等珍禽连同佛典、佛画、贝叶一起奉送给中国晋隋间各个王朝[4]。

与蓝孔雀有别的绿孔雀则出自我国云南和缅甸、孟加拉国等地，据《后汉书·南蛮西南夷列传》记载，哀牢（今云南保山、德宏）物产有琥珀、水精、蚌珠、孔雀、翡翠等。《三国志·吴志》则载绿孔雀这时作为神奇禽鸟被吴国征调，永安五年（262年）吴国遣使赴交趾征调三千只孔雀作为"土贡"。山西太原北齐徐显秀墓壁画出行仪仗图中，分别绘有男侍手举孔雀羽毛制作的大扇以及女侍手执的孔雀尾羽小扇[5]，由此可知，此时孔雀尾羽进人中国内地被使用的情况已经很多了。

隋唐时期随着中原移民对岭南、交趾以及印度支那的了解熟悉，孔雀与鹦鹉、斑竹等珍禽一道作为年贡被源源不断送往长安。唐人称孔雀为"越鸟"，李白《独漉篇》诗云"越鸟从南来，胡鹰亦北渡"，形象地说明了当时对南北方珍禽的对比认识。唐诗中赞颂孔雀的作品也不断出现："越鸟青春好颜色，晴轩入户看呫衣。一身金翠画不得，万里山川来者稀。丝竹惯听时独舞，楼台初上欲孤飞。刺桐花谢芳草歇，南国同巢应望归。"[6]这首诗讲到孔雀听到丝竹乐器演奏时会翩翩起舞。

孔雀不仅一身金翠、色艳尾大，而且头顶簇立羽冠、风度高耸，是"百鸟之王"华

[1]《大正藏》之一——《律部·四分律》卷五八（第四分之九）。

[2]《大藏经》第44册《四分律拾毗尼义钞辅要记》卷三。

[3]［巴基斯坦］穆罕默德·瓦利乌拉·汗：《犍陀罗艺术》，陆水林译，商务印书馆，1997年，第80页。

[4]［日］河上麻由子：《佛教与朝贡的关系——以南北朝时期为中心》，《传统中国研究集刊》第1辑，上海人民出版社，2006年。

[5]《北齐徐显秀墓》，"出行仪仗图"，文物出版社，2005年，第36—37页。

[6]李郢：《孔雀》，《全唐诗》卷五九〇，第6853页。

图三　孔雀纹银盒，西安何家村出土

图四　孔雀纹银盒线描图

图五　新疆吐鲁番孔雀联珠纹织锦

[1]《花舞大唐春——何家村遗宝精粹》之"孔雀纹银方盒",文物出版社,2003年,第196页。

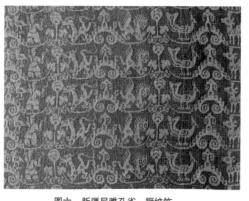

图六　新疆尼雅孔雀、狮纹饰　　　　　　　　图七　新疆山普拉龙狮孔雀纹

图八　新疆尼雅孔雀绢帽实物（现状）　　　　图九　新疆尼雅孔雀绢帽复原品

贵魅力的象征,在唐代经常被作为富丽珍禽的形象刻画在日常用品上。何家村出土的唐金银器中,孔雀图案的银方盒非常精美[1],虽然是当时人日常使用的器物,但装饰纹线以左右对称的孔雀为主题,羽毛细腻,尾巴高扬,反映了唐人对孔雀的喜爱和欣赏(图三、图四)。

由于孔雀五色尾羽金翠华美,唐朝举行国家朝会大典时配备孔雀大扇,取代了原先的野雉羽尾,所以尚辇局官员要求地方年年进贡。尤其是皇帝册封仪式时,"孔雀扇分香案出,衮龙衣动册函来"。这是薛逢描写宣政殿唐宪宗册封尊号盛礼的诗。传临摹唐张萱《武后行从图》上就画有侍从举孔雀扇的图形。孔雀羽尾的富丽堂皇似乎成为了皇家的表征。

种种迹象表明官府、民间都喜爱孔雀,因而孔雀有可能随着南客、越商或是印度商人以及胡商的携带转贩运进中原,从而成为流行一时的新奇喜好。波斯通过海路早就与南海诸国有着商贸联系,交易中珍珠、麝香、孔雀等都是贵货,滇缅印古道上天竺商人与波斯胡商来往频繁,完全可能将孔雀以及孔雀图案的织锦等产品传入西域以致流行中原(图五至图七)。

但是孔雀冠出现在陶俑中,则是前代很少见的现象。为何在唐代突然出现,看法不一。有人认为孔雀冠形象来自狩猎时捕获的孔雀等飞禽,有着迷惑猎物的伪装功能;也有人认为孔雀冠源自南方少数民族原始崇拜中对吉祥鸟的美化;还有人提出因为北方并无孔雀生息,长安京畿地区若有孔雀也是南方进贡之物。笔者认为,孔雀冠应是随着唐代疆域扩大和丝路贸易繁荣后,人们视野开阔,吸纳印度佛教文化或是西域文化后而出现的新冠饰。

不管何种原因,竖颈扬头的孔雀冠戴在伎乐人头上,"闻歌起舞"的含义应该是非常明确的。

二、孔雀冠造型

孔雀中雄者展尾开屏，雌者长尾拖地，神气活现，炫耀羽毛，每逢春天不停地做出种种姿态优美的舞蹈动作，因而备受人们关注。唐诗云："动摇金翠尾，飞舞碧梧阴。"[1]雄孔雀有着形体高大、后尾金翠的特征，符合乐舞者的欣赏要求。唐人使用孔雀形象制作冠帽，确实别出心裁，既有"闻歌起舞"的象征意义，又有吉禽精变的美化作用，既结合了中国传统鸟类神话故事的人格化色彩，又吸纳了外来文化中特别是佛教神话对孔雀善良、智慧的赞美（图八、图九）。

我们从文物中可以分析：

1.唐金乡县主墓中出土的骑马伎乐俑中，头戴孔雀冠的伎乐女俑，身穿圆领窄袖粉白色绘花长袍，袍衫前胸、后背、双肩及双腿分别绘有圆形团花，脚蹬黑皮短尖靴，双手持红色腰鼓作拍击状，端坐马背昂首前视。这件孔雀冠尾羽长披背后，孔雀伸颈翘首远眺，其长尾羽毛由天蓝、浅绿、红、黑诸色绘成。羽端大形眼斑十分醒目，描绘异常逼真[2]。

2.台北震旦博物馆收藏的一组唐彩绘女乐俑，2003年曾在台北进行展览[3]。这些奏乐女俑身着描金服饰屈腿而坐，有的弹琵琶，有的吹筚篥，有的抱琴，有的击钹，有的吹笙，其中一个女子头戴孔雀冠，手捧红色小腰鼓正在击打[4]。她们都穿着绣金边的圆领襕衫，估计是为了通过服饰华丽突出这批艺术演奏家的档次（图一〇、图一一）。

3.香港《九如堂古陶瓷藏品》图集中，有四个唐代灰陶加彩伎女俑[5]。女俑全部头戴红蓝绿交间孔雀形冠，冠边涂施金彩，孔雀尾巴拖至后背。身上前胸、双臂侧、大腿两侧以及后腰都绘有红色圆形缠枝团花图案，说明伎乐人穿着非常艳丽，应是演出服装，而且她们均着女式小黑靴。在姿势表现上，她们均为跷腿坐姿，手持琵琶、笙、钹和腰鼓等乐器，面颊丰满，细眉秀目，朱唇施粉，神态自若。其中一个乐伎女俑背部为特写，清楚地显示了孔雀冠的全貌。这组四个伎乐俑全都戴孔雀冠，与单个戴孔雀冠者相比，似乎更为广泛地突出了孔雀形象造型。

4.陕西唐三彩博物馆收藏的唐代陶俑中，亦有一个骑马戴孔雀冠的女俑[6]。骑马女俑

[1]武元衡：《四川使宅有韦令公时孔雀存焉暇日与诸公同玩座中兼故府宾伎兴嗟久之因赋此诗用广其意》，《全唐诗》卷三一六，第3550页。这首诗称孔雀为"越禽"，是"南国使"送来的礼物。

[2]《唐金乡县主墓》，图版59、60，文物出版社，2002年，第54—55页。

[3]台北云中居"汉唐天音"展，《东方艺术》2003年第9期。

[4]台北"聚英雅集"展，《亚洲艺术》2003年第5期。

[5]《九如堂古陶瓷藏品·陶器篇》，人民美术出版社，2007年，第154—155页。

[6]齐跃进：《寄宝斋藏海外回流文物珍品》，2009年，第5页。

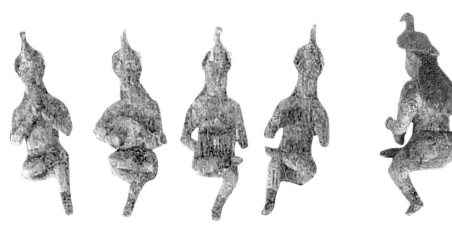

图一〇　唐伎乐彩俑，香港九如堂藏　　　　　　图一一　伎乐彩俑，香港九如堂藏

[1]《2004年中国文物拍卖大典》，台北典藏杂志社，2004年。此戴孔雀冠伎乐俑做工粗糙，比例失调，特别是三花马躯体有裂纹，胎质疏松，令人怀疑。

图一二　彩绘孔雀冠骑马手持鹦鹉女俑，陕西唐三彩博物馆藏

图一三　唐彩绘描金乐俑，台北聚英雅集2003年展出，《亚洲艺术》2003年第5期刊出

图一四　孔雀冠骑马伎乐俑，台北典藏杂志社《2004年中国文物拍卖大典》刊出

身穿翻领胡服，足蹬黑色长靴，鞍鞯华丽。尤其是这个女俑头脸微偏，右手捧一只小鹦鹉，而不是腰鼓或其他乐器。或许反映的是乐伎出外游玩的状态，正在陪伴主人寻欢作乐，所以尽管头戴孔雀冠，但没有携带腰鼓之类的乐器（图一二）。

5.台北典藏杂志社编辑出版的《2004年中国文物拍卖大典》，封面刊登了头戴孔雀冠骑马伎乐俑，也是手抱鼗鼓，女伎脸庞圆润，孔雀冠高耸，身着灰白衣袍，足蹬黑靴。从马鬃为三花来看，似是初唐陶俑[1]。尽管我们还不能确定这件骑马孔雀冠伎乐俑是否真品，其来源是否可靠，但可作为旁证说明可能普遍存在此类艺术造型（图一三、图一四）。

将上述四例头戴孔雀冠的伎乐女俑与唐金乡县主墓出土的骑马戴孔雀冠女俑作一对比，可发现她们的冠帽基本一样，都是当时伎乐演奏中必戴的冠饰。虽然伎乐姿势动作不同，分为骑马行进与坐部两种，但都还是演奏的基本姿态。

为什么戴孔雀冠女伎手拍腰鼓？大概因为鼓是一种有力量的击打乐器，"钲鼓则古者振旅献捷之乐"，草原民族骑马驰骋时鼓声响起容易令人振奋。《旧唐书·音乐志》记载："腰鼓，大者瓦，小者木，皆广首而纤腹，本胡鼓也。"双手拍击腰鼓实属龟兹部胡乐，应是胡乐风俗的真实反映。

一般来说，冠帽使用金属丝支撑硬胎，使人疑惑的是，唐代孔雀冠究竟是用什么材料制成的？是用硬挺厚实的毛毡或者坚韧皮子缝制的，还是用丝网或布绢缝制的？孔雀首昂然挺立，是否有藤竹桦木支撑和填充物固定？孔雀斑眼尾披后长拖至背，是否插嵌孔雀翎制作的？我们都不得而知，只期望有一天能发现考古实物。

可喜的是，1995年新疆尼雅遗址一号墓地五号棺内出土了一件暂定名为"凤头形"的绢帽实物，高17.6厘米，直径18.8厘米，绢帽上半部红绢所谓"凤头"的部分比较接近孔雀冠的造型，上有动物毛发及珠饰，证明早在汉晋时期西域精绝国可能就有孔雀冠帽使用[1]。这座墓的主人是位年轻女性，梳八根黄褐色长辫，头戴"凤头形"圆筒平顶绢帽，两边下垂淡绿色耳披。对帽顶前伸立体造型有"凤头""鸡头""鸟形绸冠"等不同判别之说，但笔者认为异国女子不会将汉俗"凤""鸡"运用到此帽上，根据新疆尉犁营盘、吐鲁番、山普拉、尼雅等地已发现的同时代许多"孔雀"图案的纺织品，结合头部棕红、蓝黑色彩和蜻蜓眼料珠串装饰来分析，应是当时流行的孔雀造型。

史书更清晰地记载了龟兹孔雀名闻四方的情况。《魏书·西域列传》说龟兹"土多孔雀，群飞山谷间，人取养而食之，孳乳如鸡鹜，其王家恒有千余只云"。《北史·西域列传》也有类似记载。龟兹乐又是北朝隋唐间传入中原最著名的乐曲之一，龟兹人完全有可能将孔雀形象设计到音乐女伎的头饰冠帽中，以此作为独特的标志。若判断无误，这就使我们终于有了了解唐代孔雀冠造型渊源的途径——直接受西域的影响，还是与外来文化传播密切关联。

三、孔雀冠使用

唐代伎乐女俑出现佩戴孔雀冠现象，不仅说明当时在伎乐演奏中流行这种冠帽装饰，而且孔雀冠也成了伎乐女性的一个标志性符号。"衣毛为飞鸟，脱毛为妇人"，在唐人的思维中，天上的飞鸟、地下的家禽都可以幻化成好音乐的女性出现在时人的视野中。从上述孔雀冠文物推测，这是盛唐之前伎乐俑中的一个普遍现象。

在金乡县主墓一组五件骑马演奏伎乐俑中，戴孔雀冠的女伎由于孔雀形象突出，非常引人注目，她应该是出行仪仗乐队行进中的一个引导者。相比之下，工匠塑造这类坐部女俑时，不塑造花锦胡帽、翻檐胡帽，不雕刻倭堕髻、双垂髻，而是有意使昂首引颈的孔雀成为手持乐器的乐伎的帽饰，甚至不惜掩盖唐代妇女最盛行的插钗绾簪、步摇金翠的高髻，舍去了轻便的帷帽，其目的就是要用高傲耸立的孔雀象征，它比采用羽毛装饰更加丰富华丽。北朝以来，女性伎乐一直流行双耳高髻，假髻和假头套也都很流行，用纶巾裹头亦很时髦，杜甫《即事》："笑时花近眼，舞罢锦缠头。"在这冠帽巾帔百花齐放、富丽堂皇之中，女性孔雀冠一枝独放，姿容凸显，可谓是冠中之花。

观看这些戴孔雀冠伎乐俑时，我们注意到了冠帽与服装的搭配。当时表现人物时构思巧妙，所有的演奏乐伎都没有穿抹胸长裙、宽博外衫，也没有装饰折枝花朵和浓晕额翅，而是上穿窄袖胡袍和圆领襕衫，下穿长裤，脚蹬软靴，一副英俊潇洒的打扮，表情生动活泼。这是盛唐流行的款式。《新唐书·车服志》说开元中"奴婢服襕衫，而士女

[1] 许辉、刘雅琴：《民丰尼雅凤头形绢帽复原研究》，见《西域异服：丝绸之路出土古代服饰复原研究》，东华大学出版社，2007年，第95—99页。修复者认为人戴上此帽后重心较难维持平衡，推断该帽不适用于日常穿戴，仅于祭祀、庆典、墓葬等特殊场合使用。笔者同意此说法，应是年轻女子歌舞表演时的穿戴。

[1]〔美〕谢弗：《唐代的外来文明》，吴玉贵译，中国社会科学出版社，1995年，第222页。
[2]感谢王邦维教授的提示和解答，使笔者愈加相信孔雀冠的来源与印度、西域的文化密切联系。

衣胡服"，这与中晚唐追求丰腴的美人之态，或是簪花仕女的雍容华贵绝不相同，打破了传统的"时世高梳髻，风流澹作妆。戴花红石竹，帔晕紫槟榔。鬓动悬蝉翼，钗垂小凤行"。这说明她们不是一般的歌姬舞女，而是颇带胡风的演奏乐伎，她们虽然同为艺人，但又有区别。

必须提到的是，这种孔雀冠伎乐俑不是一般墓葬里所能见的，除了金乡县主这类皇亲贵戚外，它们至少也是达官贵人家庭才能享有的丧葬待遇。《唐六典》卷二三《将作监》"甄官署"条明确规定陶俑烧制和使用有着身份等级的区别：三品九十事，五品六十事，九品四十事，"音声队与僮仆之属，威仪、服玩，各视生之品秩所有"。官府制作的明器精致艳丽，造型构思奇特，非一般官员所能轻易得到，非民间作坊所能企及。因此，孔雀冠伎乐俑非常少见，可谓陶俑珍品，盛唐之后就更为罕见了。

孔雀冠伎乐俑严格上说，应该是"音声仆从"或"从驾乐人"，尽管打扮得光鲜艳丽，孔雀冠耸立，还有演技之长，实际上地位很低，是侍候主人的角色。出行时，她们与仪仗卤簿一样，是达官贵族的"室外行奏"配角；居家时，她们则是为主人服务的"堂上坐奏"伎乐。

美国学者谢弗在名著《唐代的外来文明》中指出，佛教文学，特别是孔雀王概念的出现，大大丰富了对孔雀的形象化描写。玄奘曾讲过如来就是孔雀王，啄泉注池，解救热渴之群体。真言密宗中最受欢迎的女神就是"大孔雀明王"，她不仅被列为密宗本尊之一，也是孔雀王退魔复活再生的典范。汉译佛教经典中皈依尊敬孔雀王的句子很多，阎立本、吴道子等大画家也都创作过孔雀王的画像。骠国纪念神圣孔雀王的乐曲也通过献乐传入唐朝，甚至骠国乐工手执的乐器上也装饰孔雀形象[1]。

北京大学东方学研究院王邦维教授也提示笔者注意印度孔雀王朝（约前324—前187年）创始人旃陀罗笈多的宗族就以孔雀为名，据说他的母亲名字就叫孔雀，孔雀王朝就是印度人自己的称呼，不是汉译的名字。佛教徒和印度教徒都认为孔雀是神话中凤凰的化身，象征着阴阳结合以及和谐的女性容貌。佛教还经常描述佛祖骑着开屏孔雀吞食害虫为人间消灾解难。佛经故事中佛母大孔雀明王的造型，形象优雅，和蔼可亲，甚至以具有诗意的孔雀为坐骑，因而印度文学用孔雀象征爱情非常普遍。孔雀覆羽作为女性的装饰物也异彩纷呈，有的孔雀彩女还是性爱隐喻。古代印度盛产孔雀，不仅有人崇拜孔雀，而且佛经中就有以孔雀为名的经典，例如义净翻译的《大孔雀咒王经》等（图一五、图一六）[2]。

令人惊异的是，希腊神话中天后赫拉（Hera）喜爱孔雀，最初萨摩斯人献给赫拉的

图一五　印度阿育王时代孔雀石刻　　　图一六　印度阿育王时代孔雀石刻　　　图一七　罗马墓葬中的孔雀台

图一八　新疆楼兰出土五星出东方织锦，右为孔雀图案

[1]〔德〕泽曼：《希腊罗马神话》第二章《神祇》，周蕙译，上海人民出版社，2005年，第25页。

[2]《世界美术大全集·西洋编》第7卷（西欧初期中世的美术），小学馆，1997年，第96页。

[3]在西方希腊神话中，孔雀象征着赫拉女神；在东方中国和日本文化中，孔雀被视为优美和才华的体现。

[4]《中国文物精华》，文物出版社，1997年，第136页。

[5]《中国美术全集》卷26《雕塑编4·隋唐雕塑》，人民美术出版社，2006年，第187—189页。

[6]《中国古代镇墓神物》，文物出版社，2004年，第212、215、218—227页。针对孔雀冠造型艺术，笔者曾专门请教我的老师孙机先生，承蒙先生指出应注意唐代镇墓天王俑中的孔雀特征，究竟是孔雀还是鸾凤，有待进一步推敲。

祭品就是孔雀[1]，因而孔雀成了婚姻女神赫拉的圣鸟。罗马时代孔雀是早期基督教美术作品中常见的动物图案，例如4世纪后半叶罗马地下墓室建筑北壁祭台上就有一对孔雀装饰画（图一七）[2]。当时欧洲基督教美术装饰正在起步发展，从教堂四壁、天井、长廊到墓葬石室、修道院石棺上，绘画、雕塑并举，在罗马市立博物馆8世纪的大理石石棺上布满葡萄叶纹，棺面中心十字架旁的雕画左右对称，孔雀口衔生命源泉杯沿，孔雀尾巴长长拖起成为最大图像[3]。如果说雕刻人物与临终祈祷文有密切关系，那么孔雀作为正面装饰图像象征着救世主耶稣复活，描绘了殉教者死后在天国乐园树荫花草中休憩，用孔雀赞美和平、丰饶、幸福的观念，或是用孔雀象征受到基督恩宠的人类"复活"再生。尽管东西方孔雀造型艺术表达的主题有区别，但是早期基督徒教学拼花镶嵌与服饰中都使用孔雀羽毛图案。初期基督教主题艺术无疑受到东方因素的影响。

让人难解的疑点是，唐代墓葬出土的天王俑中也有头戴类似孔雀翎尾冠的装束，例如西安盛唐墓葬出土的贴金镇墓天王陶俑，头戴侧翻翅盔，盔顶上饰尾翼高翘的孔雀尾翎[4]。洛阳唐墓出土的三彩镇墓天王俑，也是身穿紧身盔甲，头戴高耸的孔雀翎盔[5]。此类翻檐软盔顶上装饰孔雀翎造型者还有许多[6]，并且天王往往是高鼻深目、神态凶猛的胡人形象。那么究竟是武官鹖鸟冠，还是朱雀盔，或是鸾凤样，或是孔雀冠呢？其造型细部不一，孔雀尾翎和鹖鸟雉尾混杂难辨，研究者也众说纷纭。如果这类天王俑真是头戴孔雀冠，那么是否与佛教艺术有关呢？期望高明者进一步指出其造型的象征含义。

归纳上述，唐代是一个充满艺术活力的时代，女性帽冠也从世风中撷得无限生机，专门从事表演的伎乐人更是独领风骚，而孔雀冠形象的含义就是能闻歌起舞。如果说唐代伎乐俑中戴孔雀冠是当时生活的真实写照，那么这种孔雀冠帽也不是仅仅为了式样鲜艳好看，而是有着吸纳异族风情与外来造型艺术的文化含义（图一八）。五代以后这种头上的装饰不再出现，文化审美的流变由此可见一斑。

（原载《绿眼紫髯胡：胡俑卷》，生活·读书·新知三联书店，2020年）

汉唐文物中有个奇特的现象，即以骆驼为题材的塑像、绘画有越来越多的发现，并且大量出现在不是骆驼主要生存地域的内地。史书中很少记载骆驼，与大量的考古发现形成鲜明的对比。这些频频出现的骆驼，通常由胡人牵引，满载货物、用具，不能不令人联想到古代的中外交通。

骆驼性情温顺而执拗，耐力坚韧又顽强，能在炎炎烈日、水干草枯时找到生命之水，坚强地存活。还能在漫漫黄沙中逆风行进找到归路，以其特有的灵性和韧劲，作为超乎一般的杰出驮兽，被誉为"沙漠之舟"，在古代商队贸易乃至政治军事中发挥了重要作用。从汉到唐持续近千载的岁月中，古人创作了千姿百态的骆驼形象，它们的形态、组合、驮载的物品等，暗示着当时社会的变迁和人们观念的更新，像是一种符号，成为"丝绸之路"的象征。

骆驼造型的演变

汉代文物中骆驼并不多见。西安沙坡村出土的西汉骆驼，没有任何装饰，比较写实（图一），整体造型十分高大，高73.5厘米，长90厘米[1]，这与汉代流行制作其他大型动物塑像一致。河南南阳画像石中出现的骆驼，以四肢纤细、如马狂奔为特色。四川新都东汉晚期画像砖上的骆驼，造型风格相似[2]（图二、图三）。这些汉代的骆驼形象显得有些稚拙，特别是蹄子，与同时期塑像、画像上的马蹄无异，反倒与骆驼差距很大。骆驼与其他有蹄类动物的最大差别是蹄趾特别发达，趾端有蹄甲，两趾之间有很大的开叉，外面有海绵状胼胝垫，增大接触地面的面积，能在松软的流沙中行走而不下陷，还可以防止足趾在夏季灼热、冬季冰冷的沙地上受伤。汉代对骆驼的塑造中忽视了这一关键的细节，似乎作者对骆驼并不十分了解。在汉代动物塑像中，骆驼大都混同在各类动物之中，没有数量上的优势和变化多样的姿态，显然与其他大量动物等同起来，没有明显的特别含义。

北魏是表现骆驼形象的第一个高潮。洛阳北魏元邵墓骆驼，带鞍架，铺长

丝绸之路的象征符号——骆驼

齐东方

[1]田边昭三监修：《シルクロードの都长安の秘宝》图5，日本经济新闻社，1992年。

[2]四川省博物馆：《四川新都县发现一批画像砖》，《文物》1980年第2期。

图一　西安沙坡村西汉骆驼，采自《シルクロードの都长安の秘宝》

图二　南阳画像石中的骆驼

图三　四川新都画像砖上的骆驼，采自《文物》1980年第2期

毯，毯上有货袋，袋的前后有扁壶、兽[1]。这是一种崭新的形象，与货物的搭配，点明了骆驼用以载物的用途。西魏侯义墓的骆驼更加突出驮载货物的形象[2]，驮载的束丝也醒目地塑造出来（图四）。北周李贤墓的骆驼虽然制作比较简单，但没忘记放上驮袋（图五）[3]。同样的骆驼又出土在河北磁县湾漳北齐墓中，背负帐具等辎重，姿态十分生动（图六）[4]。山西太原北齐张肃俗墓出土的载丝绸陶俑，一捆捆的丝绸更是十分清楚[5]。从此骆驼载货，特别是驮载丝绸成为极富特征的造型，它的象征意义也凸显出来。

十六国时期苻坚遣吕光大举进军西域，回师东归时，载运战利品依靠庞大的驼队，数量达二千余头[6]。北魏太武帝太延五年（439年）秋灭北凉，尽有河西之地以后，龟兹、疏勒、于阗、高昌乃至于中亚的粟特、西亚的波斯等国前来朝拜次数俱增[7]，中原朝廷与西域诸国的交往日益密切，骆驼正是重要的交通运输工具，文献记载吐谷浑"商胡二百四十人，驼骡六百头，杂彩丝绢以万计"出使北齐[8]。骆驼在战争、商贸、文化交流中都发挥着至关重要的作用。

直接邻接西北的西魏北周，自身拥有骆驼，得地利之便与西域交往更多，但骆驼的形象塑造比较粗糙、呆板，与之对应的东魏北齐的骆驼制作更为精美、生动。即越靠不产骆驼的东部，出土的骆驼越多、制作精湛，对驮载物品和器具也有细致的表现（图七、图八）。东西两地的骆驼载货的塑造虽然如出一辙，然而制作水平相差很大，这一情况一直延续到隋唐时代。

东魏茹茹公主墓的两件骆驼[9]，一件比较简单，四腿直立；另一件背负帐具和货袋，旁挂瓶、大雁及兽腿。骆驼后腿站立，前左腿跪地，前右腿蹬地，首昂起。这件作品抓住了骆驼习性中一个精彩的瞬间，即骆驼起的时候是后腿先站立，而卧下的时候则相反，是前腿先卧。这一充满动感的捕捉，表现了骆驼的真实习性，也表明人们对骆驼的熟知（图九）。河

[1]洛阳博物馆：《洛阳北魏元邵墓》，《考古》1973年第4期。

[2]咸阳市文管会、咸阳博物馆：《咸阳市胡家沟西魏侯义墓清理简报》，《文物》1987年第12期。

[3]宁夏回族自治区博物馆、宁夏固原博物馆：《宁夏固原北周李贤夫妇墓发掘简报》，《文物》1985年第11期。

[4]中国社会科学院考古研究所、河北省文物研究所：《磁县湾漳北朝壁画墓》，科学出版社，2003年。

[5]中国历史博物馆编：《华夏之路》第二册图319，朝华出版社，1997年。

[6]《魏书》卷九五《吕光传》："光以驼二千余头，致外国珍宝及奇伎、异戏、殊禽、怪兽千有余品，骏马万余匹而还。"中华书局，1997年，第2085页。

[7]有关北魏与西域的关系，又可参见余太山：《两汉魏晋南北朝与西域关系史研究》，中国社会科学出版社，1995年；黄烈：《魏晋南北朝时期西域与内地的关系》，《魏晋隋唐史论集》第一辑，中国社会科学出版社，1981年。

[8]《周书》卷五〇《吐谷浑传》："夸吕又通使于齐氏。凉州刺史史宁知其还，率轻骑袭之于州西赤泉，获其仆射乞伏触扳、将军翟潘密、商胡二百四十人，驼骡六百头，杂彩丝绢以万计。"中华书局，1983年，第913页。

[9]磁县文化馆：《河北磁县东魏茹茹公主墓发掘简报》，《文物》1984年第4期。

图四　西魏侯义墓的骆驼，采自《长安陶俑の精华》

图六　湾漳北齐墓骆驼，采自《磁县湾漳北朝壁画墓》

图五　北周李贤墓的骆驼，采自《原州古墓集成》

[1]《北史》卷九七《西域传》，中华
书局，1997年，第3209页。

图七　湾漳北齐墓骆驼，采自　　　　　　　图八　北齐元良墓骆驼，采自
《磁县湾漳北朝壁画墓》　　　　　　　　　　　《考古》1997年第3期

图九　东魏茹茹公主墓骆驼，　　　　　　　图一〇　磁县湾漳北齐墓骆驼，
采自《文物》1984年第4期　　　　　　　　　采自《磁县湾漳北朝壁画墓》

北磁县湾漳北齐墓也有这种姿态十分生动传神的骆驼（图一〇）。

地下出土的汉代北朝时期的骆驼向我们提出了一个问题，即文献史学研究中被反复探讨的张骞通西域的事件，究竟对当时物质文化领域的影响有多大？考古发现的实物并不支持汉代丝绸之路"兴盛"的学说。如果从汉墓中井仓灶和大量器皿的组合对比北朝墓中包括骆驼在内的俑群组合，会明显发现汉代器物极少受到外来文化的影响，而北朝时期不仅外来物品增多，能够反映中西交通的骆驼兴起也是前代罕见。张骞公元前138年出使，先被匈奴截留十余载，到大宛、大夏逗留一年多，归途又被匈奴拘禁一年多，公元前126年脱身回到长安，只有他和堂邑父二人，不可能带回几件异域物品，凭记忆和口述很难有很大影响。第二次出使约5年，此后与以中亚地区为主的西域之间的往来才逐渐密切。因此张骞通西域的意义在于开创了与西域诸国政府间的正式往来，使统治阶层开始放眼看世界，但这一壮举在物质领域的作用不必夸大。汉代通西域主要是军事、政治目的，商业往来属辅助行为。北朝以后的情况不同，除了政府之外，民间以商业、文化为目的交往甚多。

开通西域的道路并非易事，诸国的隔绝、人为之患以外，还有恶劣的地理环境。能在荒凉的戈壁沙漠走出令人望而生畏的道路，对古人来说无疑是奇迹，他们不能不对骆驼的顽强和倔犟而产生钦佩、崇敬之情，并在作品中加以歌颂。史书有关骆驼的记录，经常是在谈到西域诸国贡献物品时出现，唯《北史》中有对骆驼习性的记载[1]："风之所至，唯老驼预知之，即嗔而聚立，埋其口鼻于沙中。人每以为候，亦即将毡拥蔽鼻口。其风迅驶，斯须过尽。若不防者，必至危毙。"这段罕见的叙述中认为骆驼有特异功能，可以预告致命风暴的来临，是沙漠中人类的帮手。穿越险恶的沙漠，骆驼与人的性命紧密相联，当东西交通繁荣时，人们对骆驼更为珍视，因而骆驼也不断出现在对这种生活的形象表现中。

隋唐墓葬中的骆驼更有时代新意。西安东郊出土的隋代骆驼，还继承了北朝骆驼总体上质朴的风格（图一一），但太原隋斛律彻墓的两件相似的骆驼却不相同，追求骆驼体态高大健壮，突出昂首嘶鸣的状态。身上驮有丝绢、皮囊，囊端有虎头装饰，上面还坐了一个胡人（图一二、图一三）。新疆阿斯塔那墓群出土的一件隋代织锦[1]，上面有流行于中亚和西亚的联珠纹，一人牵驼前进，旁边有"胡王"二字（图一四）。这似乎是对骆驼更新的理解，将骆驼与西域诸国及其胡人紧密联系在一起。

隋代在中外交流的历史上创造过奇迹，隋炀帝干过两件大事，一是众所周知的中国南北大运河的开凿，另一个就是他的西巡活动。炀帝在位时，先派重臣裴矩常住张掖，使"西域诸国悉至张掖交市"。裴矩从过往的商胡贩客中，细心地了解西域诸国的山川地理、交通路线、风土人情、物产珍宝等情况，亲自编写出《西域图记》一书。此书引起了隋朝统治者的极大兴趣，使得炀帝"慨然慕秦皇、汉武之事"，"甘心将通西域"，还决定亲自西巡。炀帝至张掖后，召集西域二十七国君主、使臣前来朝见，"皆令佩金玉，披锦罽，焚香奏乐，歌儛喧噪。复令武威、张掖士女盛饰纵观，骑乘填咽，周亘数十里，以示中国之盛"[2]。这次中原王朝绝无仅有的皇帝西巡，对中西道路的畅通及文化交流是一次大促进，张掖盛会犹

[1]新疆维吾尔自治区文物事业管理局、新疆维吾尔自治区文物考古研究所、新疆维吾尔自治区博物馆、新疆新田国际经济技术合作（集团）有限公司：《新疆文物古迹大观》，新疆美术摄影出版社，1999年。
[2]《隋书》卷六七《裴矩传》，中华书局，1973年，第1580页。

图一一　西安东郊隋代骆驼，采自《シルクロードの都长安の秘宝》

图一二　太原隋斛律彻墓骆驼，采自《文物》1992年第10期

图一三　太原隋斛律彻墓骆驼，采自《文物》1992年第10期

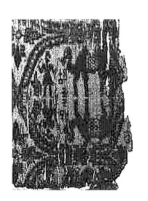

图一四　阿斯塔那隋墓胡王锦，采自《新疆文物古迹大观》

[1]昭陵博物馆：《唐安元寿夫妇墓发掘简报》，《文物》1988年第12期。

[2]西安市文物保护考古所王自力、孙福喜：《唐金乡县主墓》，文物出版社，2002年。

[3]富平县文化馆：《唐李凤墓发掘简报》，《考古》1977年第5期。

[4]陕西省文物事业管理局：《陕西陶俑精华》图60，陕西省人民美术出版社，1987年。

[5]《波斯遗宝雕刻、建筑》图44，新闻物往来社，1978年。

[6]东京国立博物馆：《スキタイとシルクロード》图91，日本经济新闻社，1969年。波斯帝国早在公元前500多年，就曾建立过"骆驼兵"，公元前6世纪波斯阿契美尼德王朝西征吕底亚，吕底亚国王以骑兵为主布阵迎敌，波斯则以载重的骆驼为前队，吕底亚惨败。骆驼在军事上的重要，使西亚艺术题材中经常出现骆驼，而且几乎都是单峰骆驼。

如古代丝绸之路上的一次"万国博览会"。

如果说汉代丝绸之路是开拓视野，引发了各国之间希望接触的强烈愿望，那么到隋代这一理想进入到了一个新的实践过程。考古发现的骆驼形象是对创造生存、运输奇迹的骆驼及其驮载物题材的更加重视，使其具有了明确的象征意义。

"东来橐驼满旧都"与"胡儿制骆驼"

文献中常常对沟通西域、驰骋厮杀于战场的将军勇士们进行赞扬，考古资料却默默地缅怀丝绸之路上历尽千辛万苦的商贾和驼队。唐墓中随葬骆驼数量剧增，有些是作为一般动物出现在各种类型的墓葬之中，如唐安元寿墓出土了19件骆驼[1]，西安唐金乡县主墓[2]出土11件骆驼（图一五）。这种成批出土骆驼之外，骆驼、货物与人物的紧密结合，进一步附加、升华了它们的精神含义，使这组文物凝聚了人与自然抗争、艰苦创业的情怀。北朝出现的驮载物品的骆驼到唐更为流行，驮载物品的内容更多，骆驼的两侧挂有货袋、丝束、兔皮、长颈瓶、胡瓶、扁壶、织物、毛毯等等，有时还有死鸟和活的狗、猴子。这种造型选择无声地讲述着丝绸之路上的生活状态。

凭借驼背的运载，中亚、西亚直至罗马获得了渴望的中国丝绸。骆驼上塑造的一捆捆丝绸、一束束生丝，输出的原料与成品都可以见到，令人想到"无数铃声遥过碛，应驮白练到安西"的美妙图景。丝绸之路带来的是商品和文化的双向馈赠，骆驼直观地再现丝绸源源流向西方的同时，也能看到外来事物的传入。上元二年（675年）李凤墓第二天井和第三过洞的东壁为连续的牵骆驼出行图，表现的是一个由胡人牵引的驼队。胡人左手拉缰牵驼前行。第二幅绘一驼一人，昂首南行[3]。重要的是一幅画面似乎表现的是单峰骆驼（图一六）。阿史那忠墓、章怀太子墓壁画也有类似的表现。咸阳契苾明墓还出土了清楚的三彩单峰骆驼及牵驼俑[4]（图一七）。骆驼有单峰驼、双峰驼。双峰驼产于我国及中亚，属巴克特利亚种，外貌特征是脊背上的两个驼峰。单峰骆驼生长于阿拉伯、印度及北非。在中亚、西亚艺术中的骆驼多为单峰，伊朗塔夸·夷·布斯坦大洞内的帝王狩猎图，表现了狩猎完毕帝王骑马带着猎犬等回归时，将猎物用单峰骆驼运载的情形[5]。萨珊银盘上也有帝王骑单峰骆驼狩猎的纹样[6]。山西太原隋代虞弘墓反映粟特文化的石刻中也出现了单峰骆驼（图一八、图一九）。单峰骆驼很早就来到中国，人们对单峰驼的认识很早，《汉书·西域传》云："大

图一五 金乡县主墓骆驼，采自《唐金乡县主墓》

图一六　李凤墓壁画单峰骆驼，
采自《考古》1977年第5期

图一七　契苾明墓单峰骆驼

[1]《汉书》卷九六《西域传》，颜师古云："脊上有一封也。封言其隆高，若封土也。今俗呼为封牛。封音。"中华书局，1962年，第3890页。
[2]西安市文物保护研究所：《西安南郊唐墓（M31）发掘简报》，《文物》2004年第1期。
[3]陕西历史博物馆、北京大学考古文博学院、北京大学震旦古代文明研究中心：《花舞大唐春》，文物出版社，2003年。
[4]敖汉旗文化馆：《敖汉旗李家营子出土的金银器》，《考古》1978年第2期。
[5]陕西历史博物馆：《唐墓壁画集锦》，陕西人民美术出版社，1991年。

图一八　虞弘墓单峰骆驼，
采自《文物》2001年第1期

图一九　虞弘墓单峰骆驼，
采自《文物》2001年第1期

月氏……出一封橐驼。"[1]单峰骆驼无疑是外来事物的表现。

通过丝绸之路，西亚和中亚的各种珠宝器物甚至植物品种引进中土，众多的物品在骆驼上无法一一反映，那些鼓鼓的货袋只能给人带来想象（图二○）。不过有时对驮载物品的细节描写也达到惊人的程度。西安西郊中堡村唐墓出土的三彩载货骆驼，除了驮有束丝，还有山羊、野雉、兔子等物，表现的是商队旅途中的给养（图二一）。许多骆驼在驮货物之外，还附挂着在沙漠戈壁中对旅行至关重要的水壶。值得注意的是，拴在驼背上的器具扁壶和胡瓶很多。西安南郊唐墓骆驼上的器物刻画更加细腻[2]（图二二、图二三），与何家村出土的扁壶[3]、内蒙古李家营子出土的银带把壶惊人的相似[4]（图二四、图二五），是对当时实物惟妙惟肖的塑造。扁壶是游牧民族便于马上携带的物品，带把壶是来自中亚地区阿姆河、锡尔河流域的粟特器物。带把壶即胡瓶，也常常携带于胡人塑像的手中（图二六）。外来器物通过漫漫的丝绸之路，穿过荒芜的戈壁滩和茫茫的大沙漠，由大大小小的商贸队伍带到中原，不仅为唐代中外经济贸易留下了永久的纪念，也影响到唐代器物的更新发展和贵族生活方式的改变。胡瓶以其带把、有流的使用方便，后来成为唐代新崛起的器类（图二七、图二八），在唐代贵族墓葬壁画中看到与人结合使用的情景（图二九、图三○）[5]。骆驼载货表面上展示了商贸繁荣，而附挂的西方风格的器物，又反映出外来习俗的渗透。与汉代相

图二〇　郑仁泰墓骆驼

图二一　西安中堡村唐墓骆驼，
采自《隋唐文化》

图二二　西安南郊唐墓骆驼，
采自《文物》2004年第1期

图二三　西安南郊唐墓骆驼，
采自《文物》2004年第1期

图二四　何家村银扁壶

图二五　李家营子银带把壶

图二六　洛阳出土胡人俑，
采自《洛阳唐三彩》

图二七　西安中堡村唐墓胡瓶

图二八　西安三桥村胡瓶，采自《シル
クロードの都长安の秘宝》

图二九　房陵公主墓壁画，
采自《唐墓壁画集锦》

图三〇　房陵公主墓壁画，
采自《唐墓壁画集锦》

图三一　裴氏小娘子墓骆驼与胡人，采
自《シルクロードの都长安の秘宝》

图三二　金乡县主墓胡人骑骆驼俑和
牵骆驼俑，采自《唐金乡县主墓》

图三三　金乡县主墓胡人骑骆驼俑和
牵骆驼俑，采自《唐金乡县主墓》

图三四　金乡县主墓胡人骑骆驼俑和
牵骆驼俑，采自《唐金乡县主墓》

图三五　唐墓出土的胡人骑骆驼
俑，采自《文物》2004年第1期

图三六　唐墓出土的胡人骑骆驼
俑，采自《文物》2004年第1期

图三七　唐墓出土的胡人骑骆驼
俑，采自《文物》2004年第1期

[1]联合国教科文组织驻中国代表处、新疆文物事业管理局、新疆文物考古研究所：《交河故城》，东方出版社，1998年。
[2]前揭《新疆文物古迹大观》。
[3]甘肃省博物馆：《敦煌佛爷庙湾唐代模印砖墓》，《文物》2002年第1期。

比，唐代将频繁的商贸活动成功地转化为文化的吸收，这种质的差异改变了人与人的关系和不同文化之间的关系，加速了东西方文明的共同发展。

骆驼塑像既是随葬品，也是艺术品，其制作是源于对生活的仔细观察和想象的升华，各种各样的造型不仅反映出某个工匠或艺术家创作时的个人特点，也应表现了特定的内容和思想倾向，这就是对整个唐代的社会时尚的认同。绝大多数骆驼出土时还配有牵骆驼的人，而且牵驼人几乎都是胡人（图三一）。"胡人"一词在唐代文献中出现频率很高，主要指西域民族、中亚人、西亚人，也泛指中原以外各国、各民族的人。这一词语不一定意味着对其他民族的贬义，唐代有许多诗歌生动逼真地描绘了外国人，考古发现的雕塑、绘画中甚至带有明显的赞美的倾向。

"胡人"与"骆驼载货"的组合不是偶然的，在现实生活中杜甫对此很敏感，因而写下了"胡儿制骆驼"的诗句。在唐朝人的理解中，似乎胡人与骆驼理所当然要在一起，胡人牵骆驼、胡人骑骆驼的搭配，在唐人的创作中也发展到了登峰造极的程度，成为陶俑造型中令人瞩目的现象。西安唐金乡县主墓出土的骑立骆驼俑和骑卧坐骆驼俑，上面的人物戴圆顶翻沿帽和尖顶帽（图三二、图三三）。该墓的牵骆驼胡人俑也十分生动，深目高鼻，秃头顶，脑后有略长的卷发，满脸浓密的络腮胡，身穿袒胸露腹的翻领长袍，足蹬高靴（图三四）。唐代大量的牵驼、骑驼胡人来自不同的国家和地区（图三五至图三七）。这种"深目高鼻，多须髯"的面容，是文献中对西方人最常见的描述，陶俑再现的"胡人"却是千姿百态，不仅是艺术家高超的技艺所致，也是人们对来自各国的客人的区分和深刻了解。唐朝政府设置了鸿胪寺、典客署、礼宾院等专门机构，负责接待和管理各国使节、留学生、僧侣等，为他们提供食宿、医疗、翻译等，有时还提供免费优待，尽量给予帮助。王维有诗句"九天阊阖开宫殿，万国衣冠拜冕旒"，就是形容首都长安城大明宫里聚集各国使节的盛况。"胡人"在唐朝娶妻养子升官经商，和当地人没什么区别。工匠或艺术家如果没有同胡人的密切往来，不可能塑造出这些生动的容颜。当然，这些见多识广的胡人也是中西文化的传播者。

精妙的塑造与神奇的向往

骆驼是动物中的庞然大物，好像是由几种动物部件组合而成：袋鼠头，恐龙脖，象腹，驴尾，马腿，牛蹄，虎耳、兔唇，十二生肖的特征几乎全占有，唯独背上的驼峰自成一格。从唐代塑像来看，今日的骆驼没有什么进化或改变。同北朝时期一样，唐代东部地区发现的骆驼形象的精美程度远远超过西部地区。从新疆吐鲁番交河故城一号台地墓地西汉墓的金骆驼饰件（图三八）[1]，到北朝时期北周墓葬出土的陶骆驼，再到新疆约特干出土的唐代陶骆驼（图三九）[2]、敦煌佛爷庙湾唐墓出土的胡人牵骆驼画像砖[3]（图四〇），虽然都是骆驼载货跋涉的形象，但刻画水平远不如内地。优美的骆驼塑像大量出现在黄河中下游地区，这一现象并非不可思议，它恰好反映了唐代的时代风尚。对骆驼不熟悉，但带有神奇的向往而导致倍加关注，对司空见惯的事物反而麻木，这是人类社会通常的现象。西北地区不乏高水

[1] [唐] 段成式：《酉阳杂俎》卷
一六，中华书局，1981年，第160
页。
[2]陕西省博物馆编：《隋唐文化》，
学林出版社，1990年，第121页。

图三八　新疆交河西汉金骆驼饰件

图三九　新疆约特干唐代陶骆驼，
采自《新疆文物古迹大观》

图四〇　敦煌唐墓胡人牵骆驼画
像砖，采自《文物》2002年第1期

平的艺术家，敦煌石窟中杰出的雕塑和壁画已经显示出优秀艺术家云集的事实，但即便是壁画中的骆驼描绘也不算精彩，似乎是对生活中常见的骆驼并不重视。但在中原地区的唐人心目中，把骆驼和对外交往、交通贸易联系在一起，在产生神化和向往的心理之后出现的精心刻画，意在全力讴歌对外开拓的精神，更说明对丝路贸易的重视已不是政府和统治阶层独有的风尚。这也正是骆驼的形象在唐以前不多见，宋以后几乎绝迹的原因。至于潮湿的南方地区根本不适于骆驼的生存，江苏无锡、四川万县唐墓也出土陶瓷骆驼（图四一），形象虽然笨拙，却足以说明骆驼已经成为对外贸易的符号象征。

唐代以博学著称的段成式在《酉阳杂俎》中说："驼卧腹不贴地，屈足漏明，则行千里。"[1] 显然是神化的理解或歌颂。骆驼步行时速约4公里，每天可行走25公里左右，可耐60度高温，又能抗拒极北地区的严寒。它的胸部、前膝肘端和后膝的皮肤较厚，形成7块耐磨、隔热、保暖的角质垫，以便在沙地上跪卧休息。骆驼的这种特点，在唐金乡县主墓、西安韩森寨唐墓等卧状骆驼中表现出来（图四二）[2]。唐代骆驼的塑造由于渗透了对现实生活的歌颂和向往，不是简单的形象再现，它们或大步行走，或引颈长啸，表现出勇敢坚韧的精神，有的凄惨悲壮，像是对险象环生的恶劣自然进行着抗争（图四三、图四四）。

唐代骆驼造型上的艺术成就之外，还隐含、反映着许多热情的赞美、神秘的故事和宗教信仰等。商人和骆驼穿行在浩瀚的沙漠和茫茫的戈壁中，必须想办法消解漫长路途中的枯燥寂寞。西安开元十一年（723年）鲜于庭诲墓出土一件色彩斑斓的三彩载乐骆驼（图四五），骆驼昂首挺立，背上垫有彩色圆毡，毡上架出平台，一座华美的小舞台，铺上一条五色条纹的长毡。台上有五位演员，中间站立的是深目、高鼻、大胡须的胡人，右手前伸，左手后撇，手掌藏在袖内，似歌似舞，表情生动。他周围坐着四个持乐器的人，两名是汉人，两人是胡人。左前方穿翻领服的胡人手中弹奏的琵琶，上刻四道弦丝，是波斯式的四弦琵琶，整组乐队亦为胡乐系统[1]。西安西郊中堡村唐墓也出土一件载乐骆驼，上面塑造出八

图四一　四川万县唐墓骆驼，
采自《考古学报》1980年第4期

图四二　韩森寨唐墓骆驼，采自京都
文化博物馆《大唐长安展》

图四三　洛阳关林唐墓骆
驼，采自《洛阳唐三彩》

图四四　西安韦曲北塬骆
驼，采自《长安瑰宝》

图四五　鲜于庭诲墓载乐骆驼

图四六　西安西郊中堡村唐墓载乐骆驼

图四七　郑仁泰墓载物骆驼，
采自《隋唐文化》

图四八　辽宁朝阳蔡须达墓载猴骆驼，
采自《文物》1998年第3期

图四九　敦煌佛爷庙湾唐墓载猴骆驼，
采自《文物》2002年第1期

个人物，形象更为生动，但人物不是胡人（图四六）[2]。

这两件作品制作较难，需要巧妙的构思和纯熟的技艺。载乐骆驼是现实生活的反映，但并非真实的再现。长安街头或丝绸之路上的热闹景象可以从中得到体会，却不可能是现实的翻版。骆驼高大而结实，负重170公斤左右，不能多人乘坐又载歌载舞，从驼背的面积和人的重量来看，载乐骆驼的创作完全是艺术家"源于生活，高于生活"的艺术作品。但这两件骆驼形态相近，出土在不同的墓葬中，说明也不是个别人的喜好，或某位艺术家独到的作品，应该是表现丝绸之路旅途中的娱乐情景，不过在域外歌舞的传播史上，以及唐代宫廷乐舞对外来文化吸收的过程中，这些乐舞之人和骆驼也发挥了作用。

陕西郑仁泰墓出土的一件龙朔三年（663年）载物骆驼，货物上还趴着一只机灵调皮的猴子（图四七），这一情趣细节给作品带来了生气。载猴骆驼是一种奇特的现象，过去解释为宠物和娱乐表现，可能是一种误解。与载乐骆驼的夸张和浪漫不同，它并非旅途中乐趣的点缀，更不是漫不经心的制作，应是一种与丝绸之路有关的信仰反映。在中原汉族文化中，汉代就有用猴子骑马来表现"马上封侯"的寓意，但猴子骑马出现在北方草原地区的器物上显然与这种观念无关。中国汉代以来还有在马厩养猴子的习俗，认为在马厩中让猴子自由跳跃来惊动马匹，马就不会生病[3]。广中智之撰文认为：新疆约特干遗址出土的陶制猴子中，包括许多骑马和骑骆驼的图像，这种观念最初源自印度，伊朗也有这种信仰，隋唐时期骆驼上的猴子，就是经过丝绸之路的传播影响的结果[4]。骆驼上的猴子不是唐人反常古怪的行为，而和猴子骑马的寓意应该是相同的，不光是情趣和快乐的写照。因此载猴骆驼也不是孤例，近年辽宁朝阳贞观十七年（643年）蔡须达墓、敦煌佛爷庙湾唐墓出土的骆驼上也有猴子[5]（图四八、图四九）。对穿过塔克拉玛干沙漠的商队来说，保护骆驼至关重要，这一外来文化中的信仰和丝绸之路上的真实生活，也被唐代骆驼塑像表现出来。此外，在马厩养猴子的习俗延续很久，还衍生出更多的故事，体现了猴子能为马辟恶消百病的信仰。有趣的是研究《西游记》的学者，在谈到孙悟空时也谈到这一问题。孙悟空是猴子，被玉皇大帝封为"弼马温"，负责御马监养天马，"弼马温"就是"避马瘟"的谐音[6]。

骆驼上的货袋，常常装饰着一个很大的兽头，像虎头。E. Knauer女士的《骆驼的生死驮载——汉唐陶俑的图像和观念及其与丝路贸易的关系》一书，注意了货袋上的兽面，认为形象特征是虎，而白虎是四神中代表西方的兽，西方正是死者的目的地。她反驳了把驮载物当作现实物品的看法，而特别强调了它们的精神作用。她认为骆驼所载的物品是供给墓主灵魂的牺牲品，成为精神供品，明器并非反映现实生活，骆驼驮载的织物、乐器等多是幻觉般的舶来品[7]。这是一种错误的推测，中国墓葬随葬品种类的巨大变化，从来都与社会背景有密切关系。驼囊上的怪兽形象未必是虎，有多种不同的样式。如果对骆驼的出现、演变、形象、组合特征、兴盛和消亡的时间做系统的考察，再参照文献的记录，唐代对骆驼的热烈赞美无疑暗示着对漫漫丝路象征的歌颂。

[1]夏鼐：《西安唐墓出土的几件三彩陶俑》，《考古学论文集》，科学出版社，1961年。

[2]陕西省博物馆编：《隋唐文化》，学林出版社，1990年，第256页。

[3][晋]干宝《搜神记》卷三云："赵固所乘马忽死，甚悲惜之。以问郭璞，璞曰：'可遣数十人持竹竿，东行三十里，有山林陵树，便撩打之，当有一物出，急宜持归。'于是如言，果得一物，似猿。持归，入门见死马，跳梁走往死马头，嘘吸其鼻。顷之，马即能起，奋迅嘶鸣，饮食如常，亦不复见向物。固奇之，厚加资给。"（《太平广记》卷四三五，中华书局，1961年，第3538页）唐李亢《独异志》卷上云："东晋大将军赵固，所乘马暴卒，将军悲惋。客至，吏不敢通。郭璞造门语曰：'余能活此马。'将军遽召见。璞令三十人悉持长竿，东行三十里，遇丘陵社林，即散击。俄顷，擒一兽如猿，持归至马前，兽以鼻吸马，马起跃。如今以猕猴置马厩，此其义也。"（《唐五代笔记小说大观》，上海古籍出版社，2000年，第915—916页）后魏贾思勰《齐民要术》卷六云："凡以槽饲马，以石灰泥马槽，马汗系著门：此三事，皆令马落驹。《术》曰：'常系猕猴于坊，令马不畏，辟恶消百病也。'"（缪启愉、缪桂龙：《齐民要术校释》，农业出版社，1982年，第286页）

[4]〔日〕广中智之：《古代中国猴与马故事的源流——中外文化交流之一例》，《中国典籍与文化》2003年第3期。

[5]辽宁省文物考古研究所、朝阳市博物馆：《辽宁朝阳北朝及唐代墓葬》，《文物》1998年第3期。

[6]〔日〕中野美代子：《孙悟空の诞生——サルの民话学と〈西游记〉》，福武书店，1987年；王迅：《鄂尔多斯猴子骑马青铜饰与〈西游记〉中弼马温的由来》，《远望集——陕西省考古研究所华诞四十周年纪年文集》（上），1998年。

[7] The Camel's Load in Life and Death: Iconography and Ideology of Chinese Pottery Figurines from Han to Tang and their Relevance to Trade along the Silk Routes, Zurich: AKANTHVS. Verlag fur Archaeologie, 1998.参见荣新江：《骆驼的生死驮载——汉唐陶俑的图像和观念及其与丝路贸易的关系》，《唐研究》第5卷，北京大学出版社，1999年。

结语

　　北朝至唐代出现的骆驼并非偶然现象，恰好与丝绸之路兴盛的历史背景吻合。特别是唐代，富有开放胸怀的帝王唐太宗把中外交流推向高潮，骆驼在沙漠中像凌波劈涛的航船，接受人类的使命，用坚毅的脚掌踏出了一条连接欧亚的"丝绸之路"，使不同的文明穿越大漠融汇碰撞，强烈地冲击着中国文化本身，蕴育出了以"胡汉"相融为特色的唐文化。骆驼的艺术形象那种磅礴、奔放的风格，正是象征了社会前进途中的艰难曲折和美好理想。

　　骆驼在现实生活中的作用延续很久，清朝军队中的"骆驼兵"，在西北边疆的战争中立过战功，现代中国西北边境的边防站虽然几乎都装备了汽车，但当汽车缺少燃油或需要修理时，随时都有巡逻任务落在军驼的身上，军驼仍然长年累月和士兵一道巡逻在边防线上。目前沙漠戈壁地区，车辆还不可能完全取代骆驼，骆驼还将长期活跃在使人望而生畏的戈壁沙漠。骆驼的载人、运输用途仍在继续。

　　骆驼是一种有灵性的动物，在戈壁滩上顺着驼印就一定能找到水。在长期自然选择中骆驼与特定生态环境形成了默契的共生法则，它们对草场践踏性极小，能与荒漠草场和谐共生。骆驼刺是骆驼的食物，而生长骆驼刺的地方地下水水质一般较好。灌木丛籽经骆驼肠胃消化随粪便散落沙漠，其籽经雨水灌溉发芽生根。经骆驼消化的沙漠植物耐干旱，耐盐碱，能抵御风沙。有的植物只有骆驼将其顶部吃掉，它才会横向生长，渐成植被。如果没有骆驼，这些植物将会枯死，难以形成植被。骆驼曾为人类文明作出巨大贡献，由于现代交通运输业的发达，骆驼正在逐渐失去它原有的价值。我国的双峰驼1981年为64万峰，而目前全国的骆驼总数已经下降到不足25万峰，面临被淘汰的命运。然而，现有的骆驼仍在守护那片苍凉的土地，人类还需要骆驼，草原不能没有骆驼，不能让清脆的驼铃声永远消失在广袤的沙漠中。

（原载《故宫博物院院刊》2004年第6期）

唐代的峰牛俑——骆驼俑、胡人俑之外又一『丝绸之路』的象征符号

冉万里

在唐代的动物俑中，骆驼俑及胡人俑等因其与"丝绸之路"关系密切而格外受学界的宠爱，对于它们的论述以汗牛充栋来形容也不为过，而且还有继续扩大的局势。其中有一种俑——峰牛俑，本来也是中外文化交流和"丝绸之路"的象征符号，但由于种种原因，人们还没有认识到其价值，使其在唐代陶俑的海洋里显得有些孤寂，有"泯然众人矣"的遗憾。就连写出《唐代的外来文明》（《撒马尔罕的金桃》）这本名著的谢弗（薛爱华）在对唐代的牛进行论述时[1]，也没有注意到"峰牛"这一与中外文化交流有着密切关系的动物，应该与他写作时唐代的峰牛俑尚未发现有关。在洛阳唐王雄诞夫人魏氏墓出土了一批珍贵的三彩陶俑，其中有八件施泛绿的黄釉、酱黄釉的牛俑尤其珍贵（图一）[2]。从其项部隆起如驼峰（图二）[3]这一点来看，应该是以文献记载中的"峰牛"为模特制作而成的，峰牛在文献中也被称为"封牛""犎牛""㸹牛"。

"峰牛"现代也称为"瘤牛"（图三）[4]。《辞海》"瘤牛（Boschindcus）"条云："中国古代称为'犎牛''封牛'。哺乳纲。牛科。反刍家畜。因鬐甲部组织隆起如瘤，故名。被毛多灰白色，亦有赤、褐、黑或花斑者。头面狭长，额平或稍隆起。垂披发达。皮肤较致密，分泌有臭气的皮脂。耐热，性极温驯。原产亚洲和非洲热带地区。有乳用、役用、乳役兼用等类型。"[5]

一、文献资料中有关峰牛的记载及唐以前的峰牛形象

关于峰牛，在文献资料中有不少记载，现将与本文论述相关的记载列举于下。

《汉书·西域传上·罽宾国》记载："（罽宾国）出封牛、水牛、象、大狗、沐猴、孔爵（即孔雀）、珠玑、珊瑚、虎魄、璧流离。"颜师古注："封

[1]〔美〕谢弗：《唐代的外来文明》，吴玉贵译，中国社会科学出版社，1995年，第157—159页。
[2]洛阳市文物考古研究院：《唐王雄诞夫人魏氏墓》，中州古籍出版社，2016年，第207—214页。
[3]出土于西安市灞桥区洪庆村唐墓，参见西安市文物保护考古研究院：《西安文物精华·陶俑》，世界图书出版公司，2014年，第218页，图版277。
[4]https://zhidao.baidu.com/1384897745 85883245.html。
[5]辞海编辑委员会：《辞海》第六版彩图本，上海辞书出版社，2009年，第1425页。

图一 洛阳唐王雄诞夫人魏氏墓出土峰牛俑一组

[1][汉]班固撰、[唐]颜师古注：《汉书》，中华书局，1962年，第3885页。

[2][南朝宋]范晔撰、[唐]李贤等注：《后汉书》，中华书局，1965年，第2851页。

[3][南朝宋]范晔撰、[唐]李贤等注：《后汉书》，中华书局，1965年，第263页。

[4][南朝宋]范晔撰、[唐]李贤等注：《后汉书》，中华书局，1965年，第2918页。

[5]《尔雅：附音序、笔画索引》，中华书局，2016年，第101页。

[6][唐]房玄龄等：《晋书》，中华书局，1974年，第2235页。

[7][宋]李昉等：《太平御览》，中华书局，1960年，第3985页作"橐驼"。

[8]此处"徐门"似应为"徐闻"。

[9][唐]徐坚等：《初学记》，中华书局，2004年，第706页。

[10][唐]杜佑撰、王文锦等点校：《通典》，中华书局，1988年，第5235页。

[11][宋]乐史撰、王文楚等点校：《太平寰宇记》，中华书局，2007年，第3488页。

[12][唐]杜佑撰、王文锦等点校：《通典》，中华书局，1988年，第5237页。

[13][宋]乐史撰、王文楚等点校：《太平寰宇记》，中华书局，2007年，第3519页。

[14][唐]杜佑撰、王文锦等点校：《通典》，中华书局，1988年，第5256页。

[15][宋]乐史撰、王文楚等点校：《太平寰宇记》，中华书局，2007年，第3494页。

[16][宋]乐史撰、王文楚等点校：《太平寰宇记》，中华书局，2007年，第3464页。

图二　西安市灞桥区洪庆村唐墓出土骆驼俑

图三　现代瘤牛

牛，项上隆起者也。"[1]

《后汉书·南蛮西南夷传》记载："永初元年（107年），微外僬侥种夷陆类等三千余口举种内附，献象牙、水牛、封牛。"[2]

《后汉书·顺帝纪》记载：阳嘉二年（133年），"疏勒国献师子、封牛"。李贤注："封牛，其领上肉隆起若封然，因以名之，即今之峰牛。"[3]

《后汉书·西域传》记载："（条支国）土地暑湿，出师子、犀牛、封牛、孔雀、大雀。"[4]

《尔雅》卷下《释畜第十九》"犦牛"条，晋郭璞注："即犎牛也。领上肉曓胅起，高二尺许，状如橐驼，肉鞍一边。健行者日三百余里。今交州、合浦、徐闻县出此牛。"[5]

《晋书·张骏传》记载："西域诸国献汗血马、火浣布、犎牛、孔雀、巨象及诸珍异二百余品。"[6]

《初学记》卷二十九引《广志》云："有牧牛，项上堆肉大如斗，似駞驰[7]，日行三百里，出徐门[8]。"[9]

唐人杜佑在其所著《通典》一书中，记述罽宾国的物产时，其内容与前文所引《汉书》相似。据《通典》卷一九二《西戎传》"罽宾"条记载："出犎牛、水牛、象、大狗、沐猴、孔雀（犎牛，项上高起。大狗，如驴，赤色）、珠玑、珊瑚、琥珀、璧琉璃。"[10]又据《太平寰宇记》卷一八二"罽宾"条引《西域记》云："出犎牛、水牛、象、大狗、沐猴、孔雀（犎牛，项上高起。大狗，如驴，赤色）、珠玑、珊湖、琥珀、璧琉璃。"[11]两者相较，《通典》关于罽宾的记载直接来自《西域记》。

《通典》卷一九二《西戎传》"条支"条记载："出犎牛、孔雀，有大鸟，卵如瓮。"[12]又据《太平寰宇记》卷一八四《四夷传》"条支"条记载："出驼、马、犎牛……"[13]

《通典》卷一九三《西戎传》"康居"条记载："出马、驼、骡、驴、犎牛……"[14]又据《太平寰宇记》卷一八三《四夷传》"康居"条记载："出驼、马、犎牛……"[15]

《太平寰宇记》卷一八一《四夷传》"龟兹"条记载："土多稻、粟、菽、麦，饶铜、铁、卤砂、盐绿、雌黄、胡粉、安西香、良马、犎牛。"[16]

如果将上述相关文献记载进行梳理、排比，对于这种项部隆起的峰牛，人们最初仅将其作为一种外来的方物来看待，而且在两汉之际已经作为一种贡品传入我国，是当时东西方文化交流的象征。从《辞海》的解释来看，中国的北方中原地区及长江流域没有峰牛生存，但根据《后汉书·西南夷传》记载，在东汉时期峰牛已在位于云南的滇国饲养，对于云南地区出土的春秋晚期至西汉时期的青铜器等之上的峰牛形象，汪宁生先生进行了简约的论述，认为"牛角长而弯，颈有高峰，与今滇池地区的牛完全不同，而与西双版纳、德宏地区的牛相近。这种牛当是《后汉书·西南夷传》说的'封（峰）牛'，即今之瘤牛（zebu）"[1]。汪先生的论述可谓一针见血，中肯至极。后来张增祺先生在此基础上又进一步认为，滇国的峰牛很可能是流行于我国西北及中亚地区一带的封牛，后来随当地游牧民族南迁于云南，成为滇国的饲养对象[2]。霍巍、赵德云先生在探讨战国秦汉时期中国西南地区的对外文化交流时，对汪宁生、张增祺先生的论述进行过综述[3]。俞方洁先生近来就滇文化中的瘤牛形象发表了长篇文章，就滇文化中的瘤牛形象及其传播路线等问题进行了深入研究，并认为"瘤牛传入中国的路线不大可能从北方传入，但有可能从印度、东南亚进入云南。由于横断山区高山深谷的阻碍，尽管蜀身毒道是古代云南赴印度的最短行程，但通行的可能性较小。结合印度、泰国考古资料，瘤牛可能是从印度海航至缅甸、泰国，通过怒江、澜沧江北上，抵达云南境内"[4]。结合文献资料和目前的研究成果来看，峰牛不仅在东汉时期的云南地区（现主要集中在西双版纳、德宏地区）已经大量饲养，而且曾经作为贡品向东汉王朝贡献，即峰牛也曾充当过文化互动与交流的角色。而在西汉时期，中原地区就与西南夷的滇国有密切的关系，不仅《史记·西南夷列传》曾记载，汉武帝为了打通自西南至身毒（印度）之间的通道，曾派使者王然于、柏始昌、吕越人等至滇国。同时在元封二年（前109年）"滇王离难西南夷，举国降，请置吏入朝，于是以为益州郡，赐滇王王印，复长其民。西南夷君长以百数，独夜郎、滇受王印"[5]。晋宁石寨山M6出土的"滇王之印"[6]，则是中原地区与西南夷的滇国关系密切的直接证据，同时也证明了文献记载的真实性。考古发掘也证明，在滇文化的墓葬发展演变序列中，其中第四期墓葬（年代在西汉晚期至东汉初期）的中原文化特征已经非常显著而且占据主要地位[7]。另外，从目前云南地区所出土的春秋晚期至西汉时期的装饰有峰牛的青铜器物来看，主要见于贮贝器（图四）、扣饰（图五，1）、器盖（图五，2）、杖头（图五，3）、案（图五，4）、枕（图五，5）等，还有一些独立的峰牛造型（图五，6）[8]。云南地区出土的这些装饰峰牛或者峰牛造型的春秋晚期至西汉时期青铜器，充分反映了这一地区在

[1]汪宁生：《"滇人"的经济生活和社会生活》，《云南青铜器论丛》，文物出版社，1981年，第45、46页。

[2]张增祺：《滇国与滇文化》，云南美术出版社，1997年，第63页。

[3]霍巍、赵德云：《战国秦汉时期中国西南地区的对外文化交流》，巴蜀书社，2007年，第75、76页。

[4]俞方洁：《滇文化瘤牛形象研究》，《艺术研究》2016年第3期。

[5][汉]司马迁：《史记》，中华书局，2013年，第3606—3608页。

[6]国家文物局：《中国文物精华·金银玉石卷》，上海辞书出版社·商务印书馆（香港），1996年，第413页，图版010。

[7]王大道：《滇池区域的青铜文化》，《云南青铜器论丛》，文物出版社，1981年，第78—82页。

[8]云南省博物馆：《中国博物馆丛书》第10卷《云南省博物馆》，文物出版社·株式会社讲谈社，1991年，图版9、41、100、101、102；中国青铜器全集编辑委员会：《中国青铜器全集》14《滇·昆明》，文物出版社，1993年，图版五四、五五、一六二、一七二；俞方洁：《滇文化瘤牛形象研究》，《艺术研究》2016年第3期。

图四　云南晋宁石寨山墓葬出土贮贝器
1.13号墓出土　2.10号墓出土　3.18号墓出土

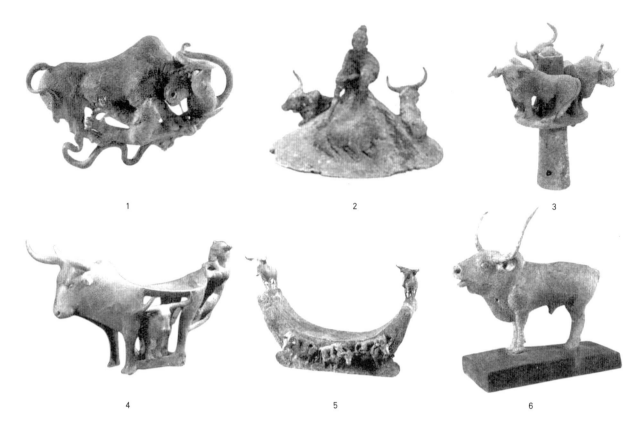

图五　云南出土装饰峰牛及峰牛造型的青铜器
1. 晋宁石寨山10号墓出土　2—4、6. 晋宁石寨山出土　5. 江川李家山出土

图六　汉代的陶、铜峰牛俑
1. 广州 M3024 出土陶峰牛俑　2.3. 广西合浦凤门岭 M26 出土铜峰牛俑
4. 广西梧州云盖山出土陶牛车及峰牛俑　5. 广西梧州白石村出土陶牛及峰牛俑

当时已经大量饲养峰牛了，在东汉时期还曾作为归附民贡献给朝廷的见面礼。

又据晋郭璞的注释来看，晋代之时峰牛也见于今越南北部的交州、广西合浦和广东徐闻一带。其实从考古发现来看，在广州西汉晚期墓葬中曾经出土过十六件陶牛俑，其中M3024中出土的一件较为完整，呈卧姿，项部有一形如驼峰的凸起（图六，1）[1]。在广西合浦风门岭西汉时期M26也曾经出土一对铜牛俑，其中一件项部隆起若驼峰（图六，2、3）[2]。此外，在广西梧州云盖山出土了东汉时期的驾车陶峰牛俑（图六，4）[3]；梧州白石村出土了两件卧着的陶牛俑，其中一件项部隆起，显然是陶峰牛俑（图六，5）[4]。与合浦风门岭M26出土的铜峰牛俑相比较，梧州出土的峰牛俑背部隆起部分显得略小，但仍然很明显。这些陶、铜牛俑显然是以当地的峰牛为模特制作而成的，说明早在两汉时期的广州、广西合浦及梧州一带也饲养峰牛，这些考古发现也证明了郭璞注《尔雅》时所云的晋代之时交州、合浦、徐闻出峰牛的真实性。值得注意的是，在河北赞皇东魏李希宗墓出土了三件陶牛俑，其中发表的一件双角上弯，垂披发达，项部隆起如驼峰，是一件典型的以峰牛为模特制作而成的陶峰牛俑（图七，1）[5]。又从李希宗的"高门望族"身份及墓葬中出土的三枚东罗马金币、镶嵌青金石的金戒指以及具有异域风格的水波纹银杯等来看[6]，李希宗对于异域的器物有着特殊的爱好，其"高门望族"的身份也使他有条件和可能拥有这些外来的珍奇之物。在西安临潼区博物馆收藏有一件北周时期的陶牛车，驾车的陶牛项部高高隆起犹如驼峰，并将轭高高顶起，而且双角上弯，垂披发达，身躯肥壮，也是一件典型的陶峰牛俑（图七，2）[7]。在山西太原北齐东安王娄睿墓中也曾出土一件拉车的陶牛俑，其形象威猛，双角较长而且上弯，垂披发达，项部隆起如驼峰，是

图七　东魏、北周、北齐时期的陶峰牛俑及壁画中牛的形象
1.河北赞皇东魏李希宗墓出土　2.西安市临潼区博物馆藏北周陶牛车
3、4.山西太原北齐东安王娄睿墓出土　5.山西太原北齐徐显秀墓壁画（局部）

[1]广州市文物管理委员会、广州市博物馆：《广州汉墓》，文物出版社，1981年，第285页，图版八七之8。

[2]广西壮族自治区文物工作队、合浦县博物馆：《合浦风门岭汉墓：2003—2005年发掘报告》，科学出版社，2006年，第54—55、58页，彩版二八之2。此条资料的信息最初来自北京服装学院邱忠鸣女士从美国纽约大都会美术馆发来自己拍摄的照片，经笔者询问，邱女士发来了更为详细的信息，同时也通过微信进行了简单的相互讨论，后习通源先生、白月同学分别给我发来相关书籍的电子版，笔者在此谨表感谢！

[3]广西壮族自治区文物管理委员会：《广西出土文物》，文物出版社，1978年，说明文字见第13页，图版116。

[4]广西壮族自治区文物管理委员会：《广西出土文物》，文物出版社，1978年，说明文字见第13页，图版117。

[5]石家庄地区革命委员会文化局文物发掘组：《河北赞皇东魏李希宗墓》，《考古》1977年第6期；河北省文物研究所：《河北考古重要发现（1949—2009）》，科学出版社，2011年，第238、239页。

[6]石家庄地区革命委员会文化局文物发掘组：《河北赞皇东魏李希宗墓》，《考古》1977年第6期；夏鼐：《赞皇李希宗墓出土的拜占庭金币》，《考古》1977年第6期；河北省文物研究所：《河北考古重要发现（1949—2009）》，科学出版社，2011年，第238、239页。孙机先生认为李希宗墓出土的水波纹银杯是中国的产品，其主要根据是杯底的浮雕式凸起的莲花，参见氏著《中国圣火——中国古文物与东西文化交流中的若干问题》，辽宁教育出版社，1996年，第145、146页。实际上，这种饱满的莲瓣式纹样，在伊朗波斯波利斯宫殿的墙壁上就有装饰，而且数量不少，可见饱满的莲瓣并非中国所独有，结合着李希宗墓出土的其他外来器物来看，这件水波纹银杯似乎也应该是一件舶来品，参见本文图二四。

[7]西安市临潼区博物馆：《临潼博物馆》，陕西新华出版传媒集团三秦出版社，2016年，说明文字及插图见第26页。

[1]山西省考古研究所、太原市文物考古研究所：《北齐东安王娄睿墓》，文物出版社，2006年，第124、127、128页，彩版一二〇。

[2]山西省考古研究所、太原市文物考古研究所：《太原北齐徐显秀墓发掘简报》，《文物》2003年第10期；山西博物院：《山西博物院》，山西出版传媒集团山西人民出版社，2013年，第84页。

[3][北魏]杨衒之撰、周祖谟校释：《洛阳伽蓝记》，中华书局，1963年，第163—165页。

[4]金维诺总主编：《中国美术全集·卷轴画（一）》，黄山书社，2010年，第62、63页；《艺术品中国》http://www.artchina100.com。

一件典型的陶峰牛俑（图七，3、4）[1]。从与娄睿墓属于同一时期的山西太原北齐徐显秀墓壁画中的牛车图中的牛的形象来看，它虽然也威猛健壮，但其项部却是平坦的（图七，5）[2]。两者鲜明的对比，更进一步证明了娄睿墓出土的陶牛俑是以峰牛为模特制作而成的。而东安王娄睿墓葬中之所以能够随葬陶峰牛俑，其原因大体与李希宗墓随葬陶峰牛俑相似，主要是与其贵族身份有着密切关系。这三件东魏、北周、北齐时期的陶峰牛俑是目前中原北方地区北朝时期所罕见的峰牛形象。由于南北朝时期南北之间尚处于对立阶段，北方中原地区出土的峰牛俑的模特似乎不大可能由陆路来自岭南地区，只能是自西域一带输入，或者泛海达到东魏、北齐境内，完全可以说这三件峰牛俑就是当时东西文化之间交流的重要象征。北朝时期与中亚、西亚之间文化交流的情形，还可以一条史料作为旁证：据《洛阳伽蓝记》卷四记载，北魏时期的"（河间王）琛在秦州，多无政绩，遣使向西域求名马，远至波斯国。得千里马，号曰'追风赤骥'。次有七百里者十余匹，皆有名字。以银为槽，金为环锁，诸王服其豪富。……自余酒器，有水晶钵、玛瑙琉璃碗、赤玉巵数十枚。作工奇妙，中土所无，皆从西域而来。"[3]在河西一带的敦煌、酒泉、嘉峪关等地魏晋至北朝时期的石窟寺壁画及墓葬中的彩绘砖画中，也发现有峰牛形象。关于它们，笔者将其置于文末，在讨论峰牛的传播路线时予以论述，此不赘述。

值得一提的是，注《后汉书》的李贤是唐高宗与武则天之子，从其将《后汉书》的"峰牛"注释为"即今之峰牛"这一点来看，唐人将这种项部隆起如驼峰的牛称为"峰牛"，这也是笔者将"峰牛"作为文章题目的原因。在以下的论述过程中，除引用的原文之外，行文一律以"峰牛"称之。

二、考古发掘出土的唐代峰牛俑及壁画中的峰牛形象

由于峰牛原产于热带地区，所以，在北方中原地区及长江流域一般没有峰牛生存。在传世的唐代有关牛的绘画资料中，所绘的牛项部均平坦或者略弧，而未见隆起如驼峰者，如传世的韩滉《五牛图》中的五头神气活现的牛（图八）即是如此[4]。在考古发掘中出土的大量唐代陶牛俑也是如此，也以项部平坦或略呈弧状以及略微凸起的牛为主，

图八　唐代韩滉的《五牛图》

[1]铜川市考古研究所：《漆沮遗珍——铜川市考古研究所藏文物精品》，三秦出版社，2015年，第45页。

[2][后晋]刘昫等：《旧唐书》，中华书局，1975年，第2272页。

[3]西安市文物保护考古所：《唐金乡县主墓》，文物出版社，2002年，图版50；西安市文物保护考古研究院：《西安文物精华·陶俑》，世界图书出版公司，2014年，第227页，图版290。

图九　唐代的陶牛俑及峰牛俑
1. 唐金乡县主墓出土陶牛俑　2. 铜川新区华阳小区唐开元二十九年（741年）墓出土陶牛俑
3、4. 唐金乡县主墓出土陶牛俑

罕见这种颈部隆起如驼峰的"峰牛"，如西安市灞桥区新筑乡唐金乡县主墓出土的一件母牛俑（图九，1）、铜川新区华阳小区唐开元二十九年（741年）墓出土的一件陶牛俑（图九，2）等都是这样[1]。从洛阳唐王雄诞夫人魏氏墓出土的墓志内容来看，其子王果在魏氏埋葬之时所任官职为左威卫大将军（正三品）、安西大都护（从二品）、上柱国（正二品）等，《旧唐书》卷五十六也记载："果，垂拱初官至广州都督、安西大都护。"[2]而其母魏氏的墓志中并未云王果任广州都督一职，诚如发掘者所推断的那样，王果在安葬其母亲时尚未任广州都督这一官职，那么其母亲墓葬中的峰牛俑似乎不可能以广州一带的峰牛作为模特，而应该是王果将其任安西大都护时在西域一带所见的峰牛视为神奇之物，据前文《太平寰宇记》记载龟兹一带也产"犎牛"，那么，王果特意以之为模特制作成俑作为其母亲的随葬品是完全有可能的。如前文所云，峰牛不见于北方中原地区及长江流域，在其他唐墓的陶俑中也较为罕见，显然，曾担任安西大都护的王果之所以将峰牛俑作为随葬品，一方面是王果将其作为一份特殊的礼物送给了自己死去的母亲，另一方面，他以珍奇之物的峰牛制作成俑的形象，不仅是为了表达与众不同的身份，也是为了表达自己的一份孝心，同时也彰显了传统的"事死如生"的丧葬思想。如果将王雄诞夫人魏氏墓中的八件陶峰牛俑与王果的孝心结合起来看，也不失为当时东西文化交流的一段佳话，也即来自西域的峰牛及其以之为模特制成的俑，与中国以孝为核心的传统文化、"事死如生"的丧葬思想等紧密地结合在了一起。

另外，从西安市灞桥区新筑乡唐金乡县主（从二品）墓出土的两件陶牛俑来看，其项部隆起如驼峰（图九，3、4）[3]，它们应该也是以峰牛为模特而制作的峰牛俑，其中一件形象而逼真，另一件不甚逼真。由此看来，这种以峰牛作为随葬品者，还有一定

[1]长武县博物馆：《陕西长武郭村唐墓》，《文物》2004年第2期。

[2]郑州市文物考古研究院：《河南荥阳唐代邛州刺史赵德明墓》，《文物》2010年第12期。

[3]庆阳市博物馆、庆城博物馆：《甘肃庆城唐代游击将军穆泰墓》，《文物》2008年第3期。

[4]洛阳市文物工作队：《洛阳龙门张沟唐墓发掘简报》，《文物》2008年第4期。

的"等级性"，这也与当时的上流社会以珍奇玩物为时尚有关。其他的发现如陕西长武郭村唐总章元年（668年）正议大夫（正四品上）、使持节兼泉州刺史（上州，从三品）、潞城公（从二品）张臣合墓出土一件峰牛俑（图一〇，1），其项部隆起较高，作为峰牛俑其形制比较典型[1]；河南荥阳唐咸亨四年（673年）邛州刺史（上州，从三品）赵德明墓出土一件（图一〇，2）[2]；甘肃庆城唐开元十八年（730年）游击将军（从五品上）、上柱国（正二品）穆泰墓出土一件（图一〇，3）[3]；洛阳龙门张沟唐开元二十三年（735年）商州刺史（下州，正四品下）萧某墓出土五件（图一〇，4）[4]

图一〇　唐代的峰牛俑及壁画中的峰牛形象

1. 陕西长武郭村唐墓出土　2. 河南荥阳唐邛州刺史赵德明墓出土　3. 甘肃庆城唐游击将军穆泰墓出土

4. 洛阳龙门张沟唐墓出土　5. 西安市新城区韩森寨唐墓出土　6. 河南巩义唐墓出土

7. 洛阳新区唐墓C7M3138出土　8. 山西长治唐代王惠墓出土　9. 唐李震墓壁画中的牛车图

10. 唐阿史那忠墓壁画中的牛车图

等。这些出土峰牛俑的墓主人身份多为刺史或者刺史以上（或为实职或为死后赠官），而以刺史这个级别较多，只有极个别的身份较低，如山西长治唐上元二年（675年）出土一件峰牛车（图一〇，8）的云骑尉（正七品上）王惠墓[1]。另外，在一些墓主人身份不明的唐墓中也出土有一些峰牛俑，如西安市新城区韩森寨唐墓曾经出土一件（图一〇，5）[2]；河南巩义一座唐墓中出土一件（图一〇，6）[3]；洛阳新区唐墓C7M3138出土一件（图一〇，7）[4]等。根据前文论述，可知这些峰牛俑也是以峰牛为模特制作而成的，参考上述出土同类峰牛俑的墓主人身份，可以推测其墓主人身份应该不会很低，似乎也都在刺史或者刺史以上级别。

除上述考古发现的唐代峰牛俑之外，在一些墓葬壁画中也绘制有峰牛形象。如唐麟德二年（665年）李震（李勣之子）墓墓道西壁壁画中绘制一幅牛车出行图（图一〇，9）[5]，其中拉车的牛项部隆起，双角弯曲，垂披发达，而且从色彩的对比可以清晰地看出，牛轭明显置于峰牛项部隆起的前部，显然是一幅珍贵的峰牛拉车图。唐太宗昭陵陪葬墓之一的唐上元二年（675年）阿史那忠墓壁画中也有一幅牛车出行图（图一〇，10）[6]，其中拉车之牛的特征与李震墓壁画中所见者完全一致，显然也是一幅珍贵的峰牛拉车图，甚至有人推断这两幅牛车出行图系一人所绘[7]。李震本人生前任梓州刺史（下州，正四品下），死后赠使持节都督幽州诸军事（从三品）、幽州刺史（上州，从三品）、定国公（从一品）[8]。又从阿史那忠生前任右骁卫大将军（正三品），死后被赠镇军大将军（从二品）、荆州大都督（从二品）、上柱国（正二品）、薛国公（从一品）等来看，与上述随葬峰牛俑的唐金乡县主等一致，都属于当时的上层社会，这更进一步为随葬峰牛俑及绘制峰牛形象壁画的墓葬的等级研究，提供了重要的实物证据。又结合前文的论述，从东魏、北齐时期随葬峰牛俑的墓主人身份也表现出贵族化这一特点来看，峰牛及以之为模特的峰牛俑作为随葬品都体现着高等级性这一特点，又从一个侧面反映了"丝绸之路"的贸易品或者东西文化交流，也体现出奢侈品为上层社会所享有的特点，这都是沿着漫长的"丝绸之路"所贸易的商品，大多由具有高额利润这一独特的属性所决定，不因时间的推移而有所改变。

尽管考古发掘的有关唐代峰牛俑的资料还比较少，而且主要集中在盛唐时期，在有关汉晋时期的文献中明确记载贡献峰牛者也只有为数不多的几次，但文献中关于出产峰牛的厨宾等国来朝贡或朝献的记载却不少。在这些朝贡或朝献中，有些明言朝贡或朝献了什么方物，有些则无[9]，而那些没有明言朝贡或朝献了什么方物的记载，其中是否包含有峰牛，虽然已经不得而知，但由于"丝绸之路"上物物交换的复杂性，使得笔者也不能将其予以彻底否定，至少有关峰牛的信息应该包含其中吧。这些记载可以作为曾经有数量不少的峰牛传入中国的一个旁证，或者说一个历史背景。

三、峰牛在古印度及尼泊尔的地位

值得注意的是，峰牛也见于古印度（包括今印度、巴基斯坦、孟加拉国等）和尼泊尔

[1]长治市博物馆：《山西长治唐代王惠墓》，《文物》2003年第8期。

[2]西安市文物保护考古所：《唐金乡县主墓》，文物出版社，2002年，图版48、49；西安市文物保护考古研究院：《西安文物精华·陶俑》，世界图书出版公司，2014年，第227页，图版291。

[3]郑州市文物考古研究院、巩义市文物管理局：《河南巩义唐墓发掘简报》，《文物》2014年第8期。

[4]洛阳市文物考古研究院：《洛阳新区唐墓C7M3138发掘简报》，《洛阳考古》2016年第4期。

[5]张鸿修：《中国唐墓壁画集》，岭南美术出版社，1995年，第40页，图23。

[6]陕西省文物管理委员会、礼泉县昭陵文管所：《唐阿史那忠墓发掘简报》，《考古》1977年第2期；陕西历史博物馆、昭陵博物馆：《昭陵文物精华》，陕西人民美术出版社，1991年，第31页。

[7]张鸿修：《中国唐墓壁画集》，岭南美术出版社，1995年，第38页；昭陵博物馆：《昭陵墓志纹饰图案》，文物出版社，2015年，第233页。

[8]昭陵博物馆：《昭陵墓志纹饰图案》，文物出版社，2015年，第233页。

[9][宋]王钦若等：《册府元龟》，中华书局，1960年，第11376—11425页。

图一一　巴基斯坦卡拉奇考古博物馆局藏陶罐

[1]〔日〕肥塚隆、宫治昭：《世界美术大全集·东洋编》第13卷，小学馆，2000年，第325页，插图235。

[2]〔日〕水野清一：《世界考古学大系》第8卷《南亚》，平凡社，1961年，第34、37页，插图46、47、53。

[3]〔日〕肥塚隆、宫治昭：《世界美术大全集·东洋编》第13卷，小学馆，2000年，第326页，插图237。

[4]〔日〕水野清一：《世界考古学大系》第8卷《南亚》，1961年，图版36。

[5]〔日〕水野清一：《世界考古学大系》第8卷《南亚》，1961年，图版73。

[6] 笔者于2016年12月拍摄于印度贝拿勒斯萨尔那特考古博物馆。

[7]〔日〕逸见梅荣：《古典印度纹样》，东京美术，1976年，第63页，图124。

等地，但在中国古代文献中却对这一点少有记载。在印度河文明铜石并用时代的陶器上已经出现了装饰峰牛的现象，如巴基斯坦卡拉奇考古博物馆局收藏的一件出土于那乌沙罗（Nausharo）、年代在公元前2600年的陶罐，高46、腹径35厘米，其腹部绘制有一头站立的峰牛形象（图一一）[1]。除过这件完整器物的腹部装饰的峰牛形象之外，其他印度河文明铜石并用时代的陶器上也有很多装饰，如巴基斯坦克里文化的陶器（图一二）、巴基斯坦克艾塔文化的陶器（图一三）等，都可以看到装饰的峰牛形象[2]。在巴基斯坦卡拉奇考古博物馆局收藏的一件铜石并用时代的滑石印章上也有峰牛形象，印章呈方形，边长3.3厘米（图一四）[3]。在印度河文明的铜石并用时代还有为数不少的峰牛陶塑像，如巴基斯坦出土的一件铜石并用时代的峰牛陶塑像，长5.3厘米（图一五）[4]。另外，在印度河文明铜石并用时代至铁器时代的岩画中也可以看到峰牛形象，如印度马特拉斯克布噶尔岩画中就有一幅年代属于铜石并用时代至铁器时代的峰牛图像（图一六）[5]。

在古印度，到了佛教盛行的时代，在相关的佛教雕刻中也常见峰牛形象，但多将其视为佛陀释迦牟尼的象征。如在印度贝拿勒斯萨尔那特考古博物馆收藏的一个公元前3世纪的阿育王柱的柱头侧面，分别浮雕大象、峰牛、奔马和狮子（图一七）[6]，分别象征佛陀释迦牟尼乘六牙象投胎、牛年出生、逾城出家、悟道成佛。有些阿育王石柱的柱头则直接圆雕站立的峰牛形象，如印度拉姆普尔瓦发现的公元前3世纪的阿育王柱柱头，其上部站立一个圆雕而成的峰牛（图一八）[7]。与前述萨尔那特博物馆收藏的阿育王石柱柱头的狮子一样．这件阿育王柱的柱头上的峰牛也应该象征佛法或者佛陀释迦牟尼。另外，在一些雕刻上还可以看到峰牛身躯鱼尾的动物形象，印度巴尔哈特公元前2

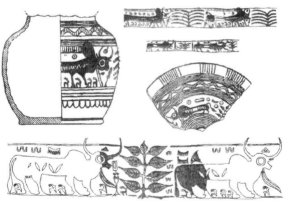

图一二　巴基斯坦克里文化的陶器纹饰　　　　　图一三　巴基斯坦克艾塔文化的陶器纹饰

图一四　巴基斯坦卡拉奇考古博物馆局藏滑石印章　　　图一五　巴基斯坦出土的铜石并用时代的峰牛陶塑像　　　图一六　印度马特拉斯克布噶尔岩画中的峰牛形象

图一七　印度贝拿勒斯萨尔那特考古博物馆藏阿育王柱柱头及其侧面

图一八　印度拉姆普尔瓦出土的　图一九　印度巴尔哈特公元前2世纪的雕刻　图二〇　印度马图拉公元前的峰牛雕刻
　　　　阿育王石柱柱头

图二一　印度笈多后期阿旃陀石窟壁画中的峰牛及峰牛身躯云气状尾部的动物
1、2. 峰牛　　3. 峰牛身躯的动物

[1]〔日〕逸见梅荣：《古典印度纹样》，东京美术，1976年，第65页，图129。
[2]〔日〕逸见梅荣：《古典印度纹样》，东京美术，1976年，第64页，图127。
[3]〔日〕逸见梅荣：《古典印度纹样》，东京美术，1976年，第64页，图125、126、128。
[4]关于现代印度的峰牛崇拜，王炽文先生曾有短文介绍，参见王炽文：《印度的峰牛及牛崇拜》，《杂技与魔术》1996年第2期。

世纪的雕刻中就有峰牛身躯尾呈鱼尾形的动物形象（图一九）[1]，与摩羯的形象接近。在公元前的马图拉（秣菟罗、马土腊）雕刻也可以看到峰牛的雕刻图像[2]（图二〇）。与此同时，在印度笈多后期的阿旃陀石窟壁画中也绘有峰牛的形象（图二一，1、2），有的也呈峰牛身躯鱼尾形（图二一，3）[3]，显然它们都是具有一定象征意义的，或象征佛陀，或象征某个神祇[4]。

　　对于这些阿育王石柱的柱头上雕刻狮子、马的形象，玄奘曾经有过记载。尽管未见有关阿育王石柱柱头雕刻峰牛的记载，但从玄奘著作中数次提到阿育王石柱这一点来看，曾经西游印度的高僧玄奘等对阿育王石柱是非常了解的。如《大唐西域记》卷六"劫比罗伐窣堵国"部分"二古佛本生处"条记载："城东南窣堵波，有彼如来遗身舍利。前建石柱，高三十余尺，上刻师子之像，傍记寂灭之事，无忧王建焉。迦罗迦村驮

[1][唐]玄奘、辩机原著，季羡林等校注：《大唐西域记校注》，中华书局，2000年，第514—515页。

[2][唐]玄奘、辩机原著，季羡林等校注：《大唐西域记校注》，中华书局，2000年，第525页。

[3]笔者于2016年12月拍摄于尼泊尔首都加德满都the bagmati rive火葬场旁边的印度教神庙前。

[4]笔者于2016年12月拍摄于尼泊尔怕坦。由于非印度教徒食用牛肉的缘故，不得进入庙宇之内，笔者只能站在门外较远处，用镜头拉近这尊卧着的雄性峰牛，将其拍摄了下来。

[5][宋]程大昌撰，许沛藻、刘宇整理：《演繁露》（上），《全宋笔记》第四编第八册，大象出版社，2008年，第167页。

佛城东北行三十余里，至故大城，……前建石柱，高二十余尺，上刻师子之像，傍记寂灭之事，无忧王建也。"[1]同书同卷"腊伐尼林及释迦诞生传说"条记载："四天王捧太子窣堵波侧不远，有大石柱，上作马像，无忧王之所建也。"[2]玄奘著作中记载的这些阿育王石柱，后来多被发现（或仅存柱身，或仅存柱头）。虽然玄奘在其著作中并未明言峰牛之事，但以上资料也算是蛛丝马迹，反映了玄奘对于用峰牛作为柱头或柱头侧面的装饰以象征佛法或者佛陀释迦牟尼是清楚的，他很可能也将这一信息传播到了国内。另外，以玄奘曾在印度长时间生活来看，他也不可能看不到生存于印度的峰牛。从李贤注《后汉书》时所云的"封牛，其领上肉隆起若封然，因以名之，即今之峰牛"这一点来看，在唐王朝境内传播的有关峰牛的信息中，除过外来的实物贡献及历史的传承之外，玄奘等高僧带回并传播的信息也是有可能和不可忽视的。

同时，雄性峰牛也是印度教所崇拜的神物，如在尼泊尔加德满都的街道上常见（可以说到处可见，其中的大多数具有较久远的历史）大型或者小型的印度教神庙，在其前面往往圆雕卧着的雄性峰牛（图二二）[3]。在大型的印度教神庙中则供奉卧着的峰牛形象，如位于尼泊尔加德满都的尼泊尔最大的印度教神庙Pashupatinath Temple（帕斯帕提那寺）的庭院中供奉有一尊蹲卧着的鎏金雄性峰牛（图二三），其头向神庙之内，臀部朝向门，露出硕大的睾丸，以象征着旺盛的繁殖和生命力[4]。由此可见，峰牛在南亚一带有着崇高的地位，往往被作为佛陀或者神祇的象征。

四、南宋程大昌对峰牛的解释所反映的问题

南宋程大昌在其《演繁露》卷二"犦槊"条云："《尔雅》：'犦牛，犎牛也。'此兽抵触百兽，无敢当者。故金吾仗刻犦牛于槊首，以碧油囊笼之。《荆楚岁时记》所说亦与《尔雅》同。今金吾仗以犦槊为第一队，则是犦槊云者，刻犎牛于槊首也。"[5]从程大昌的记载来看，他将峰牛理解为一种猛兽了，但程大昌之前的文献往往将其与其他种类的牛如水牛等并列，并多将"峰牛"归为"畜类"，其中《尔雅》就是一例。有的类书虽然也将"峰牛"归到兽类，如《艺文类聚》就是这样，但这一结果是因其分类方法不同造成的，而不是专门将峰牛作为"兽"来看待，主要是因为该类书的分类

图二二　尼泊尔加德满都街道上印度教庙宇前的峰牛雕刻　　图二三　尼泊尔加德满都 Pashupatinath Temple 供奉的峰牛

中无"畜"类。与此同时，在程大昌之前的文献中，一般仅强调峰牛项部隆起如驼峰这一特征和其善行走的能力，并未言其是一种猛兽。同时，从前文所引《辞海》对峰牛的解释来看，其性情还是极其温驯的。种种情况表明，程大昌之所以将峰牛作为猛兽来看待，主要是当时人可能已经不大了解峰牛了，从而衍生出其为猛兽这一看法，并将其作为金吾仗所执之樂的樂头。从程大昌的解释来看，是因为峰牛属于猛兽而刻其形象于樂首，但结合前文所述古印度和尼泊尔等对峰牛的崇拜这一点，特别是从阿育王石柱柱头及侧面出现作为佛陀释迦牟尼象征之一的峰牛形象来看，在金吾仗所执樂的樂首刻峰牛形象，在佛教已经普遍流行并世俗化的宋代，似乎包含有祈求佛法护佑这一层意思在里面，而这一信息的来源，似乎可以追溯到玄奘等去印度求法的高僧，可能就是他们传播了这一重要的信息，并对后世产生了影响。如果再次按照彩图本第六版《辞海》所解释的峰牛"性极温驯"推断，则以峰牛为樂头，似乎还包含有服从、听命、驯服等意思，更与"猛兽"无涉了。

五、峰牛俑——骆驼俑、胡人俑之外又一"丝绸之路"的象征符号

从目前已出版、发表的有关唐代的考古发掘报告和简报、各类图录，以及各类论著来看，涉及文献记载的峰牛者有之，但罕有将文献与实物对应起来论述者，文献和实物之间缺乏一个美妙的相互衔接的桥梁，这样一来便不能深入研究，最终的表现是对这种项部隆起如驼峰的"峰牛"俑关注不够，仅把它们作为普通的牛俑来对待了。既然这种项部隆起的峰牛也被视为普通的牛，如此一来也就无法对其所反映的文化交流信息进行深究，并将这一信息展现在人们面前。从经过笔者初步辨析之后的现在看来，唐代的峰牛俑也应该作为一个文化交流的符号，与骆驼俑、胡人俑等同样看待，尽管目前考古发现的峰牛类俑或者图像的数量还比较少，但仍然不失为骆驼俑、胡人俑之外又一中外文化交流的象征，更是"丝绸之路"的又一个缩影。但有一点也是不可忽视的，在春秋晚期至西汉时期的云南地区已经开始饲养峰牛；晋郭璞在注《尔雅》之时，也注意到了在交州、合浦、徐闻也有"犎牛"，这样一来也就不排除中原地区的峰牛俑是以来自这些地区的峰牛为模特的可能性，这时就应该具体问题具体分析，特别是墓主人的身份及经历就显得非常重要。

图二四　波斯波利斯宫殿东侧壁面浮雕的朝贡行列中的峰牛形象

[1]〔日〕田边胜美、松岛英子:《世界美术大全集·東洋編》第16卷《西アジア》,小学館,2000年,第249页,图版218;〔法〕ロマン·ギルシュマン著,〔日〕岡谷公二訳:《古代イランの美術(Ⅰ)》,新潮社,1966年,第175页,图版219;《NEWTONアーキォ》VOL11《大帝国ペルシァ》,株式会社ニュートンプレス,1999年,第119页。

[2]〔日〕Miho Museum:《MIHO MUSEUM 南館图録》,日本写真印刷株式会社,1977年,第327页,插图2。

[3]〔日〕Miho Museum:《古代バクトリア遗宝》,日本写真印刷株式会社,2002年,第77页,图版58。

　　峰牛作为"丝绸之路"的象征符号不仅在古代中国有所表现,而且在西亚也是这样。如在著名的伊朗阿契美尼德王朝时期的波斯波利斯城址宫殿大厅东侧壁面上,浮雕有国王朝贡行列像,其年代在公元前6世纪末至公元前5世纪中叶,其中有一行列被认为是来自巴克特里亚的国王朝贡的行列像,在这一行列中就浮雕有项部隆起如驼峰的峰牛形象(图二四)[1]。而巴克特里亚一带也曾发现这类峰牛形象,如出土于巴克特里亚(阿富汗北部或者土库曼斯坦南部)的一件琥珀金制作而成的杯子的口沿,装饰一卧着的峰牛形象,其年代在公元前三千纪末期至两千纪初期(图二五,1)[2];日本Miho Museum收藏有一件公元前5世纪至公元前4世纪的巴克特里亚银镀金峰牛像(图二五,2)[3]。波斯波利斯城址宫殿上的峰牛雕刻,说明它在当时是巴克特里亚对阿契美尼德王朝的重要贡品之一。虽然一般将其称为朝贡,但在古代的国与国之间的关系中,朝贡也是文化交流的重要形式之一,可以将其视为"丝绸之路"的一个重要组成部分。另外,1960年在伊朗西北部、里海南岸的吉兰州发现了一批墓葬,这些墓葬被认为是公元前

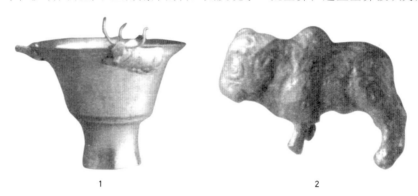

1　　　　　　　　　　　　2

图二五　巴克特里亚的峰牛形象
1.日本个人藏出土于巴克特里亚的琥珀金制杯　2.日本 Miho Museum 藏巴克特里亚的银镀金峰牛像

1　　　　　　　　　　　　2

3　　　　　　　　　　　　4

图二六　峰牛形陶器
1.伊朗德黑兰考古博物馆藏　2.日本东京大学伊拉克·伊朗遗迹调查团发掘
3.日本东京个人藏　4.法国巴黎卢浮宫藏

图二七　日本平山郁夫丝绸之路美术馆藏峰牛形陶器
1、2. 红陶　3. 黑陶

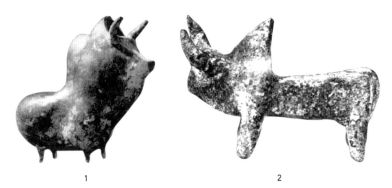

图二八　伊朗阿姆拉什出土峰牛形陶器和铜器
1. 峰牛形陶器　2. 峰牛形青铜器

1200—前1000年的王侯墓地，在其中出土了大量的贵金属制品、青铜器、动物及人形陶器等，而其中出土的数量较多的峰牛形陶器非常引人注目，这类峰牛形陶器在表现峰牛项部的肉瘤时往往比较夸张，使其显得非常高凸[1]。目前除伊朗德黑兰考古博物馆等收藏之外，如其中的一件高18.8厘米（图二六，1）[2]，在伊朗之外的世界各地博物馆及私人手中也有收藏，如日本东京大学伊拉克·伊朗遗迹调查团曾经发现一件出土于伊朗吉兰州的峰牛陶器（图二六，2）[3]；日本东京个人手中也收藏有一件出土于伊朗吉兰州的峰牛形陶器，器身装饰圆圈状纹饰，高20厘米（图二六，3）[4]；在法国巴黎卢浮宫也收藏一件出土于伊朗吉兰州马利科的峰牛形陶器，高24厘米（图二六，4）[5]。日本平山郁夫丝绸之路美术馆收藏有数件，文中所列举的3件中的2件为红陶，分别高28（图二七，1）、18厘米（图二七，2），另一件为黑陶，高19.4厘米（图二七，3）[6]。在伊朗阿姆拉什也曾出土过一些年代在公元前9世纪至公元前8世纪原史时代的峰牛形陶器和铜器（图二八，1、2）[7]。在伊朗的Ziviye发现的一件彩绘陶罐的腹部装饰有峰牛形象（图二九），峰牛呈行走状，图像略显抽象，在颈部略偏后的地方有一个较小的凸起，其年代在公元前8世纪左右，现藏于美国纽约大都会美术馆[8]。在法国巴黎卢浮宫收藏的一件阿契美尼德时期的圆筒印章上看到项部隆起的峰牛形象（图三〇，1）[9]。这件圆筒印章上的图像表明，在伊朗阿契美尼德时期，峰牛也被作为耕牛使用，这也说明当地较为普遍地使用峰牛。在一些阿契美尼德时期的圆筒印章上还可以看到悠然自得地行走的峰牛形象（图三〇，2）[10]。此外，在美国纽约大都会美术馆收藏有一件峰牛形银来通，年代被认为在公元前17世纪至公元前15世纪之间，高18厘米（图三一）。虽然这件器物出土地点不

[1]〔日〕平山郁夫シルクロード美術館、古代オリエント博物館：《栄光のペルシア》，株式会社山川出版社，2010年，第26页。

[2]〔日〕深井晋司、田辺勝美：《ペルシア美術》，吉川弘文館，1985年，第38页，插图16。

[3]〔日〕東京大学イラク・イラン遺跡調査団、京都国立博物館、京都新聞社：《オリエント千年展》，大塚巧藝社，1967年，第43页。

[4]〔日〕深井晋司、田辺勝美：《ペルシア美術》，吉川弘文館，1985年，黑白图版3；〔日〕田辺勝美、松島英子：《世界美術大全集・東洋編》第16卷《西アジア》，小学館，2000年，第236页，插图223。

[5]〔法〕《卢浮宫指南》（中文版），国家博物馆中心出版社・卢浮宫出版社，2005年，第40页，图版39。

[6]〔日〕平山郁夫シルクロード美術館、古代オリエント博物館：《栄光のペルシア》，株式会社山川出版社，2010年，第26页。

[7]〔法〕ロマン・ギルシュマン著、〔日〕岡谷公二訳：《古代イランの美術（Ⅰ）》，新潮社，1966年，第32、35页，插图33、40。

[8]〔日〕田辺勝美、松島英子：《世界美術大全集・東洋編》第16卷《西アジア》，小学館，2000年，第232页，插图214。

[9]〔日〕田辺勝美、松島英子：《世界美術大全集・東洋編》第16卷《西アジア》，小学館，2000年，第187页，插图159。

[10]〔法〕アンドレ・パロ著、〔日〕小野山節、中山公男訳：《アッシリア》，新潮社，1965年，第208页，插图258。

图二九　美国纽约大都会美术馆藏
伊朗出土彩绘陶罐

[1]〔日〕田辺勝美、松島英子：《世界美術大全集·東洋編》第16卷《西アジア》，小学館，2000年，第163页，插图148。

[2]〔日〕田辺勝美、松島英子：《世界美術大全集·東洋編》第16卷《西アジア》，小学館，2000年，第66页，图版51。

[3]〔日〕天理大学附属天理参考館：《教祖百年祭記念——天理大学附属天理参考館図録》，株式会社天理時報社，1986年，第198页，图版548，说明文字见第381页。

[4]《印面上的萨珊之一——瘤牛的扩张》，无眼者的博客，2012年12月8日。http://blog.sina.com.cn/u/1164677854。

[5]中国青铜器全集编辑委员会：《中国青铜器全集》14《滇·昆明》，文物出版社，1993年，第36页。

[6]俞方洁：《滇文化瘤牛形象研究》，《艺术研究》2016年第3期。

图三〇　圆筒印章及印影
1. 法国巴黎卢浮宫收藏 2.《アッシリア》一书收录

图三一　美国纽约大都会美术馆藏峰牛形银来通　　图三二　法国巴黎卢浮宫藏叙利亚马里王宫壁画（局部）　　图三三　日本奈良天理大学附属天理参考馆藏叙利亚出土的马赛克峰牛形象

明，但人们多认为其属于西亚一带的产品[1]。在叙利亚马里王宫遗址发现的年代在公元前18世纪古巴比伦时期壁画的王权神授图中，绘制有一头红色峰牛（图三二），该壁画现收藏于法国巴黎卢浮宫[2]。将峰牛绘制在王权神授图中，反映了峰牛在当时这一地区的重要性和特殊的意义。发现于叙利亚现藏日本奈良天理大学附属天理参考馆的年代在公元400年的基督教马赛克图案装饰中，也有站立的峰牛形象（图三三）[3]。以上西亚及中亚发现的年代较早的与峰牛相关的图像、器物等，表明在西亚和中亚都曾经有峰牛生存。尽管如此，峰牛仍然作为一种贡品曾在朝贡或者贸易中起到过重要的作用，充当过"丝绸之路"的象征符号。甚至有人认为瘤牛（峰牛）是从南亚次大陆扩张到整个西亚的[4]，如果真是这样，那么峰牛作为一种文化交流的象征符号就显得更加鲜明了。

六、结语

综上所述，尽管中原地区的峰牛俑有以来自广州、交州、合浦、徐闻的峰牛为模特的可能性，诚如此，则可以视其为南北方地区文化交流的结果，也可以视其为"海上丝绸之路"国内段的现象。至于从云南地区朝贡的峰牛，应该与身毒（印度）道有着密切关系。身毒（印度）道也被人们称为"南方丝绸之路"，这条道路由四川经过云南过伊洛瓦底江，至缅甸北部的猛拱，再渡亲敦江到达印度的英帕尔，然后沿恒河流域转入印度西北，至伊朗高原[5]。如果从这一条通道来看，峰牛传入云南的源头就不仅仅是张增祺先生所云的来自西北及中亚游牧民族，古印度也是一个非常重要的源头。尽管俞方洁先生不赞同峰牛可能自北方或自身毒道输入的观点，并鲜明地提出了一条新的传播之路[6]，但经过笔者对河西一带魏晋十六国至北朝时期图像资料中的峰牛形象进行辨认与论

[1]http://news.iyaxin.com/content/2016-08/08/content_1011084.htm,《"天山道科考Day6"——新源县阿勒玛勒青铜时代环壕聚落遗址发现青铜高足环牛祭盘》（文／特派记者闫小芳，图／特派记者龚彦晨）。
[2]敦煌文物研究所:《中国石窟·敦煌莫高窟》第一卷，文物出版社·株式会社平凡社，1982年，图版103、107。

图三四　新疆新源县阿勒马勒发现的青铜高足环牛祭盘（整体与局部）

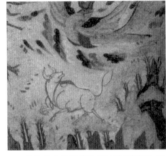

图三五　敦煌莫高窟第249窟西披狩猎图（局部）　　　图三六　敦煌莫高窟第249窟西披狩猎图（局部）

述，似乎可以证明峰牛自西亚、中亚经河西一带传入北方中原地区是完全可能的。下面进行具体的例证。

首先来看最新的考古发现。据亚心网报道，"天山道科考队"在新疆新源县阿勒马勒青铜时代（距今约3500年）环壕聚落遗址发现青铜高足环牛祭盘。这个祭盘上有16只栩栩如生、形状各异的瘤牛（峰牛），中间三根柱子是祭火用的灯柱，用来插火把或者火棍，这也是早期拜火教的圣火坛。圆形祭盘总高31、盘径28、圆盘内深1.5厘米、高圈足底径22.6、顶径5.3、通高2.2厘米（图三四）[1]。这件发现于新源县阿勒马勒青铜时代的装饰峰牛的高圈足祭盘，说明在3500年前峰牛已经传播至新疆一带，而新源又是草原丝绸之路通道的一个组成部分，似乎说明草原丝绸之路在峰牛的传播过程中也曾经起过重要作用。同时，这一发现也支持张增祺先生所认为的西北和中亚游牧民族在峰牛传播过程中的重要性，也更加证明了峰牛自西亚、中亚、中国新疆经河西一带传入北方中原地区的可信度。

接着笔者从河西走廊的西端开始，由逐次向东的发现来论述有关峰牛形象及其相关问题。在甘肃敦煌莫高窟第249窟窟顶西披的一幅狩猎图中，出现的极似峰牛的野牛形象[2]却是非常耐人寻味的。其中一头的背部被绘画者以红色加重绘制，使其项部呈凸起状（图三五），而画面右下方的另一头牛的头部及项部的表现方式（图三六），则酷似前文所提到的伊朗吉兰州出土的峰牛形陶器，其夸张的形象，简直就是伊朗吉兰州出土峰牛形陶器的翻版，表现为颈部下凹呈"U"形，从而使得项部高凸如驼峰，显然表现的是一头峰牛形象。莫高窟西魏时期壁画中这些项部或背部隆起且被描绘成狩猎对象的

[1]酒泉市博物馆：《酒泉文物精华》，中国青年出版社，1998年，第87页图版上、第92页图版下。

[2]中国画像石全集编辑委员会：《中国画像石全集》第2卷《山东画像石》，山东美术出版社，2000年，图版九二，说明文字见第31页。

[3]甘肃省文物考古研究所：《酒泉十六国墓壁画》，文物出版社，1989年，第13页插图一八，图版前室"南顶"。

野牛形象，或者说至少带有峰牛韵味的野牛形象，绝不是绘画者任意而为，应该是有所本的，显然应该是以来自中亚、西亚路过敦煌的峰牛，或者以敦煌为目的地的峰牛为模特绘制而成的，而敦煌莫高窟恰好位于河西走廊的最西端，是通往中亚、西亚的"丝绸之路"要冲，这也就是说峰牛自传统的陆上丝绸之路传入北方中原地区是完全有可能的。由于敦煌当地人可能对峰牛是野生的还是驯养的不甚熟悉，所以将其绘制成作为狩猎对象的野牛形象了。如果这一点还尚嫌不足的话，那么在甘肃酒泉西沟魏晋壁画墓中发现的两幅彩绘砖画[1]，就显得非常重要了。其中一幅原来称为"宰羊彩绘砖画"（图三七，1），但其中将被椎杀的动物有较长的尾巴及上弯呈"Y"形较大的双角，与同一地区彩绘砖画上羊的形象完全不同，反而与同一地区彩绘砖画上牛的形象相同。又从有关汉代画像石上的杀牛图来看，一般杀牛时采用椎击的办法，如山东邹城市师范学校附近出土的"杂技、疱厨画像石"中的"椎牛图"[2]，酒泉西沟魏晋壁画墓中的彩绘砖画与之非常相似，所以，这幅彩绘砖画所表现的应该是一幅"椎牛图"。这幅椎牛图中即将被宰杀的牛项部有一个瘤子状物，显然是一头峰牛的形象。西沟魏晋壁画墓中出土的另外一幅"牛车彩绘砖画"（图三七，2）则更加鲜明，牵引牛车的牛项部有一个明显的驼峰状凸起，毫无疑问其为峰牛形象。在酒泉丁家闸十六国壁画墓的前室南壁顶部壁画的右下方，绘制有山岳及幕庐人物图，在人物的前方绘制有一头通体黑色的牛的形象，幕庐中的人物很惊奇地张望着这头通体黑色、张口、露出鲜红色舌头、抬蹄、昂首、扬尾的牛，其项部有凸起向后下垂的黑色驼峰状物，而且其肉瘤的表现方式与前文所列举的古印度峰牛相似，显然是一幅典型的峰牛图像（图三八）[3]。从丁家闸十六国壁画墓将峰牛绘制于山岳之间来看，显然将其作为野牛来看待了，这也与前文所云敦煌莫高窟第249窟西披壁画的峰牛意味相一致。此外，在甘肃嘉峪关市魏晋1号壁画墓中

1   2

图三七　酒泉西沟魏晋壁画墓中出土彩绘砖画
1．原称"宰羊彩绘砖画"　2．牛车彩绘砖

图三八　甘肃酒泉丁家闸十六国时期　　　　图三九　甘肃嘉峪关市魏晋1号壁画墓中出土"牧畜图"彩绘砖画
壁画墓中的前室南壁顶部壁画（局部）

[1]甘肃省博物馆：《甘肃省博物馆
文物精品图集》，三秦出版社，2006
年，第176页图版上。

[2]酒泉市博物馆：《酒泉文物精
华》，中国青年出版社，1998年，第
78页图版下，第79页图版上，第84页
图版上。

[3]甘肃省文物考古研究所：《酒泉
十六国墓壁画》，文物出版社，1989
年，图版前室"东壁"；酒泉市博物
馆：《酒泉文物精华》，中国青年出
版社，1998年，第106页图版。

[4]甘肃省博物馆：《甘肃省博物馆
文物精品图集》，三秦出版社，2006
年，第174、175页图版。

图四〇　酒泉西沟魏晋壁画墓出土的彩绘砖画

图四一　酒泉丁家闸十六国壁画墓中的耕、耙及牧牛图

出土的"牧畜图"彩绘砖画上绘制的一幅非常逼真的牧畜图像值得注意（图三九）[1]，
画面中大部分为羊，但在其右侧则绘制两头牛，一黑一白，其中黑牛项部呈略凸的弧
形，从视觉效果上尚看不出其有如驼峰，应该是一头普通的牛，但白牛项部则明显凸起
如驼峰，显然彩绘砖画上绘制的这头白牛是一头峰牛形象，而且其颜色也与峰牛以白色
或灰白色为主相吻合。而且上述魏晋至西魏时期的峰牛形象，在时代上也与河北赞皇东
魏李希宗墓出土峰牛俑、西安市临潼区博物馆所收藏的北周陶牛车及峰牛俑、山西太原
北齐东安王娄睿墓所出峰牛俑相呼应。如果将这些峰牛俑和图像资料结合起来看，就不
难发现，峰牛自西亚、中亚经河西一带传入北方中原地区的路径不仅存在，而且是畅通
无阻的。

　　从酒泉西沟魏晋墓（图四〇）[2]和丁家闸十六国墓（图四一）[3]、嘉峪关魏晋1号墓[4]
等的彩绘砖画及壁画来看，项部凸起如驼峰的峰牛形象仅占极少部分，绝大部分是用于耕
种、拉车或放牧的牛的形象，其颈部均较为平坦或略呈弧形。这似乎从另外一个角度反映
了当时当地的峰牛是一个稀有的外来的输入物种，绘画者将其作为一种稀罕之物表现出来

[1]辞海编辑委员会：《辞海》（1979年版，缩印本），上海辞书出版社，1980年，第1442页。

图四二　《辞海》（1979年版缩印本）插图中的牛车图

了。丁家闸十六国墓壁画的幕庐中的人物奇怪地或者惊讶地张望那头黑色峰牛的瞬间形象和表情，已经将其阐释得淋漓尽致。从这些彩绘砖画或壁画上的峰牛形象来看，在河西一带，峰牛也用作拉车的畜力，与其他牛羊一起作为放牧的对象，椎牛图则表明其用于肉食。与此同时，由于其珍奇这一特点，峰牛也被看作是一种"野兽"，并将其作为狩猎对象了。这些发现于河西一带有关峰牛的丰富的图像资料，已经充分证明作为"丝绸之路"要冲的河西一带是峰牛自中亚、西亚向北方中原地区传播的必经之路。与此同时，在河西一带的彩绘砖画或壁画中出现的一些牛的形象也值得注意，它们的项部略高，其高度略介于普通牛及峰牛之间，笔者怀疑这种形象的牛是峰牛与当地的土牛杂交后的新品种。当然，这一点仅是笔者的推测而已，还需要其他资料来证明。

又从前人的著作，特别是唐人杜佑在其所著《通典》"边防·西戎"部分不厌其烦地论述峰牛这一点来看，唐代的人们更多地将眼光瞄向了西域的峰牛，并对这种域外的方物仍然充满着好奇和向往，以致于曾任安西大都护的王果在其母亲的墓葬中一口气随葬了八件陶峰牛俑，并以此表示对其死去母亲的孝心和哀悼，也以此来纪念他本人曾任安西大都护的荣光。又从东汉时期疏勒曾经献"封牛"这一史实来看，前文对峰牛俑——作为骆驼俑、胡人俑之外又一中外文化交流的象征，更是"丝绸之路"的又一个缩影——的评价是恰当的，峰牛俑是当之无愧的。从唐代峰牛俑的发现地点来看，洛阳和长安犹如圆心，而东南与西南则像巨大的圆弧，这也充分体现了政治、经济、文化的向心力作用。

在本文即将结束之时，还有一句多余的话在这里说说。笔者在翻阅《辞海》时非常惊讶地发现，在1979年版《辞海》中对"牛车"进行解释时绘制了一幅牛车插图，插图绘制的竟然是一幅峰牛拉车图（图四二）[1]，这显然是当时没有考虑到中国古代牛车的牵引者普遍为一般的牛而不是峰牛所造成的，这是一个学术史范畴的问题。所幸的是，在第六版彩图本《辞海》中这一插图未再采用。

总而言之，唐代洛阳和长安地区出土的峰牛俑，向西则与西域乃至于中亚、西亚相关联，这是一条传统的连接欧亚大陆的"丝绸之路"；向西南则与今云南地区关系密切，这一方向则是学界所云的"南方丝绸之路"；向南则与岭南地区相关联，这一方向则是最近热门的"海上丝绸之路"。在这三条"丝绸之路"上，人员来来往往，文明与民族互动，文化相互碰撞，贸易物品琳琅满目，而现在只能在古都西安和洛阳看到的唐代峰牛俑的原型——峰牛，也曾行走在"丝绸之路"上，并最终积淀成一个文化交流的符号——峰牛俑。

（原载《西部考古》第14辑，科学出版社，2017年）

从金乡县主墓出土陶俑看西域文明对唐代贵族生活之影响

韩保全

西安东郊唐金乡县主与其夫于隐的合葬墓中出土的彩绘陶俑，其色彩之绚丽、造型之生动、内容之丰富，都是近年来少见的。这批陶俑形象地展示了唐代贵族生活的场景，特别是西域文明对唐代贵族生活的影响。

金乡县主是唐高祖李渊的孙女，是李渊最小的一个儿子、以骄纵横暴出了名的滕王李元婴的女儿。论其门第当然是"地承银榜""门接绛霜"的了。与其合葬的丈夫蜀州司法参军于隐，是北周开国功臣燕国公于谨的五代孙。隋唐以来，其族裔"子孙繁衍，皆至显达"，是关陇集团的名门望族，所以才得与"皇宗帝戚，玉叶金柯"[1]攀亲。这是唐代门阀婚姻依然盛行的反映。于隐死于武则天永昌元年（689年），于次年下葬。金乡县主则逝于三十三年后的玄宗开元十年（722年），开元十二年（724年）与于隐合葬。他们出身于名门望族，是唐代最高统治阶级中的成员，又是在国运最昌盛、经济最繁荣的开元年间合葬的，因此具有代表性和典型性。

由于此墓多次被盗掘，陪葬的珍贵文物已被盗一空，墓道、墓室的壁画也大多脱落，唯墓道两龛及室内的彩绘陶俑则基本保存完整。

墓道中的东、西两龛共出土彩绘陶俑百余件，主要是骑马鼓吹仪仗俑、骑马狩猎出行俑、骑马伎乐俑和侍从侍女俑、牵驼牵马俑以及牛羊家畜俑等。从墓道残存的壁画内容看，也多是牵驼出行图和男女侍者图。这些与同一时期大中型唐墓所反映的内容是一致的。骑马鼓吹仪仗俑是墓志显赫身份的标志，是其生前出行时仪卫排仗、奏乐壮威、侍骑如云的真实反映。骑马狩猎出行俑则反映了其畋猎活动中，架鹰呼犬、骑从簇拥、人马喧闹的生动场景。骑马伎乐俑和男女侍从俑群则是日常呼奴使婢、歌舞宴乐的生活实录。而驼马、家畜俑群则是对其家资殷富、牛马成群的得意炫耀。

墓室出土的彩绘陶俑有50余件，主要是镇墓俑、文吏俑、武官俑、男女侍从俑和杂技戏弄俑。所有这些都是祈求墓主人能够永久平安地享受其安乐优越的物质生活心态的反映。此墓的镇墓俑有4件，两件镇墓兽，两件天王俑。在东汉墓中常出现朱书或墨书陶罐，往往冠以年月，而以"急如律令"等字样作结，用以避邪压胜。这很可能是受当时道教思想的影响。到了魏晋南北朝时期，在墓门附近则出现了披甲荷盾执兵的武士俑和鬃毛直竖的牛形怪兽。北魏以后这种怪兽进一步演变成人面兽身或狮面兽身的镇墓兽。狮子是非洲最威猛的动物，号称百兽之王。从最著名的古埃及第四王朝的狮身人面像起，狮子一直也是西亚、中亚地区最常见的造型艺术的创作主题。人面兽身像也是埃及人最早创作的，以后由亚述人传播给了波斯人。随着两汉"丝绸之路"的开通，用这种威猛怖厉的艺术形象来镇墓驱邪，以保护墓主人的安宁，则是十分可能的。至于用威严神武的佛教护法天王的形象取代人世间荷盾披甲的武士形象，来为墓主驱魔镇守，就更为可靠了。显然这是受来自西域的佛教思想影响的结果。

除了这些宗教思想方面的影响，这批彩绘陶俑所反映的西域文明对唐代贵族

[1]见金乡县主、于隐墓志铭文。

[1]《太平广记》卷四六〇引《宣室志·邺郡人》。
[2]《唐会要》卷一百。
[3]《北齐书·恩幸·韩宝业等传》。
[4]《北史·齐本纪》。

生活的影响要广泛得多。

在金乡县主合葬墓出土的彩绘狩猎骑马俑和牵驼、牵马俑中，大多是高鼻多须的胡人形象。这反映了唐朝采用的豁达大度的政策，对寓居长安的外国人或边域少数民族给予保护和礼遇。他们的上层人物不少在唐朝担任重要官职，而且受到皇室的宠信。他们中更多的是商人，多聚居于长安西市，常达数千人。他们中的下层，由于娴于驯养驼马，长于骑射狩猎，故为唐长安的豪门贵族、富商巨贾所雇佣豢养。上述的这些胡俑则反映了这一历史事实。在这批彩绘狩猎骑马俑和牵驼、牵马俑中，他们勇武豪迈、剽悍矫健的性格特征，被表现得活灵活现、淋漓尽致。

中国自古以来，统治者都把畋猎冬狩看作顺四时的大礼，一方面通过畋猎为飨祭宗庙祖先取得祭品，另一方面则通过畋猎学习骑射军旅。因此，畋猎最主要的是讲尚武精神的一种军事体育活动。以后畋猎越来越成为休闲享受的一种时尚。唐代的豪族贵戚也乐此不疲。金乡县主的父亲滕王元婴，就是以耽于游猎，纵狗施暴，以丸射人而恶名远扬的。金乡县主墓中出土的这批彩绘骑马狩猎俑则生动地反映了当时贵族中的这种时尚。引人注目的是在这群狩猎俑的臂上架有鹰鹘之类的猛禽。唐代皇室贵族耽于畋猎而蓄养鹰鹘已成为他们的嗜好。《朝野佥载》卷五就有"太宗养一白鹘，号曰飞将军"的记载。《太平广记》记载，"邺人家所育鹰隼极多，皆莫能比，常臂以玩"[1]。这些用于狩猎的猛禽往往作为贡品献到长安。而长安骑射狩猎的胡人当然也是调教这些猛禽的能手。另外令人注意的是他们骑上的卧犬，都是竖耳尖喙、瘦身长腿，显然是专门用于狩猎的一种凶猛迅捷的猎犬。唐文献中就载称"波斯国多骏犬，今即谓波斯犬也"[2]。波斯、中亚诸国常以犬贡进。贡犬记录始于万岁通天二年（697年）而盛于开元天宝年间。其实远在北齐时皇室贵戚养波斯犬已蔚然成风。北齐后主高纬更封赠猎犬，"以波斯狗为仪同、郡君，分其干禄"[3]。出猎时，"犬于马上设褥以抱之"[4]。流风所及，唐代亦然。在这批骑马狩猎俑坐骑上所见的波斯犬，也确是卧于垫褥之上的，形象地反映了"犬于马上设褥以抱之"的真实情景。特别令人惊异的则是一胡骑座后的圆形垫褥上伏有一个戴颈圈的猎豹。狩猎中架鹰呼犬，乃世之常见，但驯养猎豹则很少闻。但在唐懿德太子李重润墓壁画中，则有一幅驯豹图。驯豹者一手执驯械，一手牵绳，豹随身而行。可见唐代确有驯养猎豹之事。中亚的波斯、粟特地区有狩猎用豹的传统。产于当地的猎豹属食肉目猫科动物，形似金钱豹而体略小，头小而圆，四肢较长，毛色亦为黄色黑斑。《唐会要》卷九九、《册府元龟》卷九七一称在开元天宝年间，西域的康国、安国、史国、大食国、波斯国等，都有献豹的记载。这件狩猎骑马俑上载的猎豹和唐墓壁画，则为这些记载提供了实物印证。

马上鼓吹本是军乐，所谓借以"扬德建武"，以壮军威也。后来逐渐成为统治阶级出行壮声势的仪仗队。北朝以降墓葬中出现了鼓吹仪仗骑马俑群，隋至初唐依旧承绪。盛唐以后则逐渐为骑马伎乐俑所取代。金乡县主墓则出土有骑马鼓吹仪仗俑，又有骑马伎乐俑。前者均为男俑，头戴笼冠或帷帽，身穿橘红色圆领宽袖袍。手中可辨的乐器则有排箫、横笛、筚篥、胡笳、节鼓等。后者则均为女俑，着男装。手中乐器则有琵琶、铜钹、腰鼓、箜篌及筚篥等。二者所执乐器则多是胡乐，西域文明在音乐方面的影响由此可见一斑。

中国自古是礼乐并重的，认为"先王以作乐崇德，殷荐之上帝，以配祖考"[1]。而以钟、磬、琴、瑟为主的合奏，清正的雅乐，作为正统的朝堂音乐。到了战国，古乐渐衰，郑声日盛。所以魏文侯曾问子夏："古乐乏味，俗乐多趣者何故？"秦汉以来，特别是西域交通畅通以后，西方的乐器大量传入，雅乐仅在宗庙或郊祭中演奏，而社会全为俗乐所占领。显然这是发展的必然趋势。因为雅乐是以钟磬之属的打击乐器为主，多人合奏的方式，因袭规范，缺乏创造，远离生活。而俗乐则吸收了大量外来乐器，以管弦乐器为主，采取能充分表现个人技巧的独奏或少数乐器合奏的方式，遂为世人所喜闻乐见。按元稹立部伎诗注称，当时太常选坐部伎，无性识者退入立部伎，绝无性识者，始退入雅部乐。雅乐、俗乐二者优劣，不言自明。西域音乐的东渐与佛教在中土的广泛传播关系至大，而在中国南北朝这一民族大交流大融合的历史时期，达到了兴盛阶段。到了唐初，在西突厥溃散后，"丝绸之路"畅通，中西文化交流盛况空前的情况下更是达到了高峰。唐太宗贞观十一年（637年）整理出的十部乐——《燕乐》《清乐》《西凉乐》《天竺乐》《高丽乐》《龟兹乐》《安国乐》《疏勒乐》《康国乐》和《高昌乐》，大多是西域诸国的。从金乡县主墓出土的骑马鼓吹仪仗俑和骑马伎乐俑群，可以窥见西域音乐在唐代贵族生活中的普及状况。

百戏杂技是以表演技巧吸引人的娱乐活动，发萌甚早。但至迟在秦时已形成艺术节目，汉代"丝绸之路"畅通后，西域的杂技幻术，诸如都卢寻橦（竿技）、跳丸跳剑、吐火吞刀等，陆续传入，进一步促进了中原地区杂技艺术的发展和成熟。这些在出土的百戏伎乐俑、画像砖、石刻和铜陶器上都有充分的反映。令人饶有兴味的是在金乡县主墓墓室内发现了几组微型戴竿杂技俑。这些戴竿俑仅高约5至6厘米，但其仰俯倒立、负重平衡的种种神态，令人一目了然。唐代的戴竿技艺与西域的技艺交流已超越前代，而且已成为很受欢迎的广场演出的杂技项目。在唐代掌俳优、杂技的教坊中，将竿木列为重点项目，且多为女艺人表演。故教坊中"戴竿"名家辈出。据《教坊记》载，开元时之侯氏、赵解愁、范大娘、王大娘等都是著名的艺人。这些艺人常在节庆时演出。如张祜对唐玄宗生日千秋节时艺人赵解愁的竿技表演有诗咏云：

> 八月平时花萼楼，万方同乐奏千秋。
>
> 倾城人看长竿出，一伎初成赵解愁。

日常她们多为皇帝后妃享乐解闷，在一次唐玄宗与杨贵妃观赏王大娘竿技时，十岁神童刘晏即在杨贵妃膝上，应玄宗命赞颂竿技巧妙神奇，而口占一绝云：

> 楼前百技竞争新，唯有长竿妙入神。
>
> 谁谓绮罗翻有力，犹自嫌轻更著人。[2]

金乡县主墓室发现的戴竿杂技俑，反映了这也是贵族豪门经常欣赏的娱乐节目，而且这两组戴竿中承力戴重者，的确是妇人形象，可见文献记载之不谬。

衣冠服饰是人类生活的基本要求，它除了蔽体御寒外，还有装饰人体、美化生活的功能。服饰衣冠与社会的经济、政治、文化、军事及宗教思想、生活习俗等密切相关，代表着一定时期的文化，因而它是人类文明的重要标志。

隋唐盛世，国威远播，贞观以来各国多以子弟入质于唐，西域各国流寓长安者与日俱

[1]《易经·豫卦》。
[2][宋]乐史：《杨太真外传》。

[1][唐]刘肃《大唐新语》卷九。

增。贞观初仅突厥降部入居长安者就有近万家。而长安户口在天宝初仅30余万户，贞观时尚不及此，可见外国流寓者数量之惊人。这些外域入居者随之把西域文明带到长安来，是必然的事。首先在衣冠服饰上来自突厥、昭武九姓诸国及波斯、东罗马等中亚、西亚以及欧洲各地人的奇装异服，就足使长安人眼花缭乱艳羡不已了。对美和新奇的追求是人之常情，在衣着上相互模仿是必然的事。在贞观中，司法参军尹伊的判词中指出长安当时就有"胡着汉帽，汉着胡帽"[1]的。可见贞观初长安人已流行胡帽。据《新唐书·承乾传》载，当时的太子承乾就好突厥言，喜突厥服，"选貌类胡者，被以羊裘，辫发，五人建一落，张毡舍，造五狼头纛，分戟为阵，系旛旗，设穹庐自居，使诸部敛羊以烹，抽佩刀割肉相啖。承乾身作可汗死，使众号哭剺面，奔马环临之"。当然也是受到流寓者的影响，而生欣羡模仿之心的。到了开元前后，大唐盛极，国都长安已成为汇集各国使节、学者、艺人、僧侣、留学生及商人的国际大都会，长安的"胡化"盛极一时，在衣冠服饰上尤为突出，在《旧唐书·舆服志》中就记述了由初唐至此时的巨大变化。说唐初"宫人骑马者，依齐、隋旧制，多著幂䍦……而全身障蔽，不欲途路窥之。王公之家，亦同此制"。到了唐高宗永徽以后，"皆用帷帽，拖裙到颈，渐为浅露"。武则天时，"帷帽大行，幂䍦渐息"。到了开元初，"宫人骑马者，皆著胡帽，靓装露面，无复障蔽。士庶之家，又相仿效。……俄又露髻驰骋，或有著丈夫衣服靴衫，而尊卑内外，斯一贯矣"。正当其时的金乡县主墓出土的诸多女俑则确无着帷帽者，更无幂䍦，且从彩绘侍女俑、骑马伎乐俑看正反映了这种"靓装露面"着胡服扮男装"露髻驰骋"的状况。

金乡县主墓出土的彩绘陶俑中的骑马狩猎俑和牵驼、牵马俑，大多是高鼻多须、高颧深目的胡人形象，身着翻领或圆领窄袖袍，腰束革带，带上多系鞶囊，足蹬长筒皮靴，而与鼓吹仪仗俑身上所穿的褒衣宽袖的中原汉族传统服装迥然不同。两件骑驼胡俑还戴尖顶毡帽或浑脱帽，但大多却是按中原传统用巾帕裹头的幞头，可见服饰是互相影响的。最令人感兴趣的则是一个高鼻深目的胡姬俑，她头梳刀形高髻，上身着淡黄色宽袖襦衣，内着半臂，下着粉红色齐胸曳地长裙，肩有白色帔帛，亭亭玉立，楚楚动人。关于西域妇女在长安的情况未见诸文献，但唐代诗人则屡屡咏及胡姬，如开元之际的天才诗人李白就有诗句如："胡姬貌如花，当炉笑春风"；"胡姬招素手，延客醉金樽"；"细雨春风花落时，挥鞭直就胡姬饮"；"五陵少年金市东，银鞍白马度春风。落花踏尽游何处，笑入胡姬酒肆中"。都是描述长安西市胡姬当炉卖酒的情景。这个多年来仅见的胡姬俑，令人能真正领略诗人笔下胡姬的风采。当然这个胡姬的身份，不是当炉卖酒的胡姬，而是供主人役使的女侍。从而可见在这一时期西域妇女也有受雇于贵族豪门的。

在金乡县主墓出土的大批彩绘陶俑中，不少是汉人形象，而身着胡服，可见当时崇尚胡服的情况。特别是男装胡服女俑，头戴幞头，身着胡服，在娟秀娇媚脸庞侧露出发辫，生动地反映了这一时期贵族妇女以女扮男装、身着胡服为时髦的社会风尚。但最引人注目的则是男装胡服的骑马女俑。在一组骑马伎乐女俑中均身着各色圆领窄袖袍，腰束革带，带上系鞶囊，足蹬黑色尖头皮靴。除抱琵琶者头露高髻外，其余都是男装幞头。英姿飒爽，昂扬雄健的风采，突出地显示了大唐帝国博大豁达、开放自信的时代精神。

（原载《唐金乡县主墓彩绘陶俑》，陕西旅游出版社，1997年）

参考文献

Reference

1. 西安市文物保护考古所：《唐金乡县主墓》，文物出版社，2002年。

2. 韩保全：《唐金乡县主墓彩绘陶俑》，陕西旅游出版社，1997年。

3. 陕西省文物保护研究院、扬州市文物考古研究所：《花树摇曳 钿钗生辉——隋炀帝萧后冠实验室考古报告》，文物出版社，2019年。

4. 扬之水：《中国古代金银首饰》，故宫出版社，2014年。

5. 运城市河东博物馆：《盛唐风采——薛儆墓石椁人物线刻画研究》，文物出版社，2014年。

6. 陕西历史博物馆编：《皇后的天堂——唐敬陵贞顺皇后石椁研究》，文物出版社，2015年。

7. 中国陕西省考古研究院、德国美因茨罗马—日耳曼中央博物馆：《唐李倕墓：考古发掘、保护修复研究报告》，科学出版社，2018年。

8. 孙机：《中国古舆服论丛》（增订本），上海古籍出版社，2013年。

9. 孙机：《从历史中醒来：孙机谈中国古文物》，生活·读书·新知三联书店，2016年。

10. 洛阳市文物考古研究院：《洛阳龙门唐安菩夫妇墓》，科学出版社，2017年。

11. 徐光冀主编：《中国出土壁画全集7·陕西下》，科学出版社，2012年。

12. 敦煌研究院主编：《敦煌石窟全集14·图案下》，商务印书馆，2003年。

13. 敦煌研究院主编：《敦煌石窟全集17·舞蹈画卷》，商务印书馆，2001年。

14. 敦煌研究院主编：《敦煌石窟全集19·动物画卷》，商务印书馆，2000年。

15. 敦煌研究院主编：《敦煌石窟全集25·民俗画卷》，商务印书馆，1999年。

16. 史敦宇、金洵瑺绘：《敦煌乐舞线描集》，甘肃人民美术出版社，2012年。

17. 西安市文物管理委员会：《西安唐金乡县主墓清理简报》，《文物》1997年第1期。

18. 韩保全：《唐金乡县主墓彩绘骑马伎乐俑》，《收藏家》1997年第2期。

19. 齐东方：《试论西安地区唐代墓葬的等级制度》，《纪念北京大学考古专业三十周年论文集（1952—1982）》，文物出版社，1990年。

20. 金蕙涵：《唐代两京地区出土女性墓葬型制研究》，《汉学研究集刊》2010年第11期。

21. 扬眉剑舞：《从花树冠到凤冠——隋唐至明代后妃命妇冠饰流源考》，《艺术设计研究》2017年第1期（春）。

22. 西安市文物保护考古研究院：《西安马家沟唐太州司马阎识微夫妇墓发掘简报》，《文物》2014年第10期。

23. 杨军昌、党小娟、柏柯：《唐代"金珠"工艺制品：出土文物、显微观察与材质特征》，《文博》2014年第4期。

24. 张永帅：《唐长安住宅研究》，陕西师范大学硕士学位论文，2006年。

25. 刘合心：《陕西长安兴教寺发现唐代石刻线画"捣练图"》，《文物》2006年第4期。

26. 韩怡：《从西安地区唐墓壁画看唐代女性服饰》，郑州大学硕士学位论文，2015年。

27. 熊丽萍：《从唐代女子骑马俑说起》，《文物鉴定与鉴赏》2017第3期。

28. 张达宏、王自力：《西安出土唐精美彩绘陶俑》，《文物天地》1997年第3期。

29. 杨蕾：《秩序下的波澜：唐代石榴裙时尚研究》，《淮北师范大学学报》（哲学社会科学版）2020年第5期。

30. 林泽洋：《唐代"耳衣"考述》，《形象史学》第12辑，社会科学文献出版社，2019年。

31. 张广达：《唐代的豹猎——文化传播的一个实例》，《唐研究》第7卷，北京大学出版社，2001年。

32. 葛承雍：《猎鹰：唐代壁画与诗歌共创的艺术形象》，《中国国家博物馆馆刊》2019年第5期。

33. 葛承雍：《唐代狩猎俑中的胡人猎师形象研究》，《故宫博物院院刊》2010年第6期。

34. 王永平：《"波斯狗"东传：从伊朗到中国——兼论粟特人在丝绸之路物种传播中的贡献》，

《唐史论丛》第23辑，三秦出版社，2016年。

35. 晏新志：《从西安地区出土的马俑看唐人社会生活》，《文博》2003年第4期。

36. 任江：《初论西安唐墓出土的粟特人胡俑》，《考古与文物》2004年第5期。

37. 葛承雍：《唐宋时代的胡姬与吴姬》，《中国历史文物》2005年第3期。

38. 葛承雍：《胡汉研究一百年》，《读书》2019年第5期。

39. 葛承雍：《唐代胡人袒腹俑形象研究》，《中国历史文物》2007年第5期。

40. 刘潇：《从胡俑看胡人在唐朝的生活》，《乾陵文化研究（四）——丝路胡人与唐代文化交流学术讨论会论文集》，三秦出版社，2008年。

41. 赵维娜：《从出土胡俑看唐代百戏》，《乾陵文化研究（四）——丝路胡人与唐代文化交流学术讨论会论文集》，三秦出版社，2008年。

42. 赵喜惠：《唐代中外艺术交流研究——以乐舞、百戏、书法、绘画、雕塑为中心进行考察》，陕西师范大学博士学位论文，2012年。

43. 张灵：《唐代乐舞陶俑的艺术特征初探》，《音乐美学》2012年第12期。

44. 齐东方：《丝绸之路的象征符号——骆驼》，《故宫博物院院刊》2004年第6期。

45. 杜远东：《唐代骆驼研究》，浙江大学硕士学位论文，2012年。

46. 冉万里：《唐代的峰牛俑——骆驼俑、胡人俑之外又一"丝绸之路"的象征符号》，《西部考古》第14辑，科学出版社，2017年。

47. 张彬：《国家博物馆藏唐代参军戏俑人物服饰研究》，《装饰》2018第10期。

48. 李星明：《唐代护法神式镇墓俑试析》，《艺术史中的汉晋与唐宋之变》，北京大学出版社，2016年。

49. 杨洁：《唐代镇墓天王俑的佛教世俗化因素考略——兼谈两京地区的差异》，《四川文物》2009年第5期。

50. 宋馨：《中国境内金属下颌托的源流与演变——兼谈下颌托与流寓中国粟特人的关系》，《粟特人在中国：考古发现与出土文献的新印证》，科学出版社，2016年。

51. 王银田、王亮：《再议"下颌托"》，《暨南史学》第9辑，广西师范大学出版社，2014年。

52. 张晓永：《种族、姓氏与地域：中古于氏家族研究》，陕西师范大学硕士学位论文，2015年。

后记

Postscript

金乡县主墓的发掘距今已有三十余年，社会关注度较高，研究工作持续进行中，相关的研究成果陆续发表，策划一个展览的时机已经成熟。承蒙西安市文物局、西安市文物保护考古研究院的大力支持和葛承雍教授、齐东方教授、冉万里教授、韩保全研究员等众多学术专家的热心指导，展览在2022年9月30日顺利开展。于《花月醉雕鞍——大唐金乡县主展》图录即将出版发行之际，在此谨向诸位专家学者及帮助过我们的博物馆同仁、志愿者、新闻媒体和文物出版社表示最真诚的感谢！

金乡县主作为唐代开国皇帝李渊的孙女，滕王李元婴的第三女，她的生活神秘、多彩、有趣，今天的人们对她充满兴趣。为了将展览中文物的历史、艺术、科学价值完整地展现出来，在策展时设计了四个单元，展出金乡县主墓出土文物181件（组），全面展现了唐代的政治、经济、文化、艺术和民族融合及丝绸之路带来的中西方文化交流，"大唐盛世"的思想性和世界性、历史性和时代性通过展览呈现出来。

金乡县主墓葬出土的陪葬品数量多、等级高，在策展时充分讨论和考虑了艺术线、文明线、主题线、叙事线的占比和侧重。策展的创造性劳动主要在于寻找文物之间的相互关系和发掘文物背后的故事，还原金乡县主生活时代的女性群像。在金乡县主的随葬品中，有身着胡服、面饰胡妆的女立俑；有手持胡乐、弹奏胡曲的骑马伎乐俑；也有骑马狩猎的胡人，部分马背上还驮有胡兽，如猎豹、猞猁、波斯犬等。这些精彩的艺术形象深刻地揭示了其陪葬品与丝绸之路间千丝万缕的联系，文物让史书古籍中的历史得到印证，激活了我们对丝绸之路文化传播的认同感，让古人从历史中走出来与我们对话。

为了让观众切身感受到优秀传统文化的内涵，亲近和爱上博物馆，我们结合金乡县主的研究成果还开发了社教课程，针对成人观众策划了数场专家讲座加专题直播。在"花月醉雕鞍——大唐金乡县主展"开幕式上选用了复原唐装的真人模特，让观众跨越1000多年的时间隧道，拥有更加直观、立体、真实的现场体验感。

文创产品是文物展览的延伸，是历史与现实生活的结合点。围绕展览我们开发了一系列文创产品。以金乡县主墓出土的骑马伎乐女俑为原型的表情包"唐宝儿"一经发布，观众就纷纷下载传播。随展览推出的还有展览主题书签、明信片、口罩、帆布包等文创产品。前来观展的观众不仅可获得纪念门票，现场填写展览调查问卷还可获赠展览文创口罩。当观众愿意把文创产品带回家，给家人、朋友、亲戚分享并讲述这件文创产品来源于博物馆的某件文物时，展览中的文物藏品就随之"活"了起来，有效扩大了展览的外延。

展览站在古丝绸之路的起点上，用艺术的形式搭建了古今对话的桥梁，传承了千年丝路的文明故事。一次考古发现，常常会带给人们探索历史原貌的新的认知，偶然的发现却往往能够石破天惊，使人们从考古发现和出土文物中获得启发和灵感，从祖国灿烂辉煌的优秀历史文化中增强自信、汲取前进的动力。用好考古出土文物，办好展览，讲好中国故事，是博物馆的使命。西安博物院将继续发挥好一个博物院就是一所大学校的作用，守护好、传承好、展示好中华文明优秀成果，推进文明交流互鉴，让博物馆真正成为人们终身享受文化滋养的地方。

2023年8月该展览走出西安博物院，开启全国巡展的旅程。相信会有更多的人走进金乡县主的世界，近距离地领略唐代长安人乐观向上、旷达豪迈的生活态度，共享兼容并蓄的大国气度与盛世情怀。

由于时间、能力及客观因素的制约，书中疏漏、错误之处在所难免，请专家学者和广大读者不吝赐教。

编者

2023年11月18日